westermann

TEAM LUPE ERMITTELT

Das sprechende Paket

4

Erarbeitet von
Sarina Anjum, Borken
Anna-Katharina Lautenschläger, Erlensee

Lesen
FÖRDERN

INHALT

Kapitel geschafft? Dann hake es in diesen Feldern ab.

Unser Fall: Das sprechende Paket

Die Sonne scheint ins Gartenhäuschen.
Trotzdem macht Umut ein Gesicht wie drei Tage Regenwetter.
„Seit einem Monat haben wir keinen neuen Fall!“, beschwert er sich.
Lulu seufzt: „Ich würde ja gerne einen Fall herzaubern, wenn ich könnte.“
Auf einmal fangen Murmel und Uno an zu knurren.
„Paket für euch, Kinder!“, ruft ein Postbote.
„Nanu?“, wundert sich Elsa. „Wir haben doch nichts bestellt.“
Paul nimmt das Paket an.
Es ist in rotes Papier eingewickelt und an TEAM LUPE adressiert.
„Kein Absender“, stellt Lulu fest.
Umut grinst von einem Ohr zum andern: „Super! Ein neuer Fall für TEAM LUPE!“

„Ein neuer Fall für TEAM LUPE!“
Finde die Hinweise und löse mit den Detektiven einen Fall rund um ein geheimnisvolles Paket.

Was wollen wir spielen?

Lulu ist heute bei Elsa. Draußen regnet es. Elsa fragt: „Was wollen wir spielen?“ „Wie wäre es mit einem Kartenspiel?“, schlägt Lulu vor. Elsa schüttelt den Kopf: „Mmh, nee, darauf habe ich keine Lust. Ich spiele schon immer mit Oma Karten. Lass uns etwas Anderes machen.“ Lulu ist etwas enttäuscht. Sie hätte Lust dazu gehabt. Aber sie kann Elsa verstehen.

Nun macht Elsa einen Vorschlag: „Wir könnten mit meinem neuen Puppenhaus spielen.“ Davon ist Lulu nicht begeistert. Sie meint kopfschüttelnd: „Ich spiele nicht gerne mit Puppen. Ich weiß gar nicht so genau warum, aber es ist so.“ Elsa nickt. Sie weiß, was Lulu meint. Wenn ihre Schwester Mona mit ihr puzzeln will, hat Elsa auch selten Lust darauf.

Deshalb antwortet sie: „Okay, kein Problem. Ich kann ja auch noch morgen damit spielen.“ Lulu nickt erleichtert, dann meint sie noch: „Weißt du, ich baue lieber Dinge.“ Das bringt Elsa auf eine Idee, die ihnen beiden Spaß machen könnte. Sie schlägt vor: „Wie wäre es, wenn wir aus dem Karton vom Puppenhaus ein eigenes Haus bauen?“ Diese Idee findet Lulu spitze!

Den Rest des Nachmittages sind die beiden Mädchen damit beschäftigt, Fenster und eine Tür aus dem Karton zu schneiden und die Wände zu bemalen.

Erzähltext

1 Wer sagt was? Verbinde.

2 Auf welche Idee einigen sich Elsa und Lulu? Schreibe.

____

____

3 Wie verhalten sich Lulu und Elsa im Gespräch? Kreuze an.

- ☐ Elsa will nur das spielen, worauf sie Lust hat.
- ☐ Lulu will nur das spielen, worauf sie Lust hat.
- ☐ Elsa und Lulu wollen etwas spielen, was beiden Spaß macht.

› einem Text Informationen entnehmen
› Aussagen zuordnen
› Fragen zum Text beantworten

Lageplan der Grundschule Neustadt

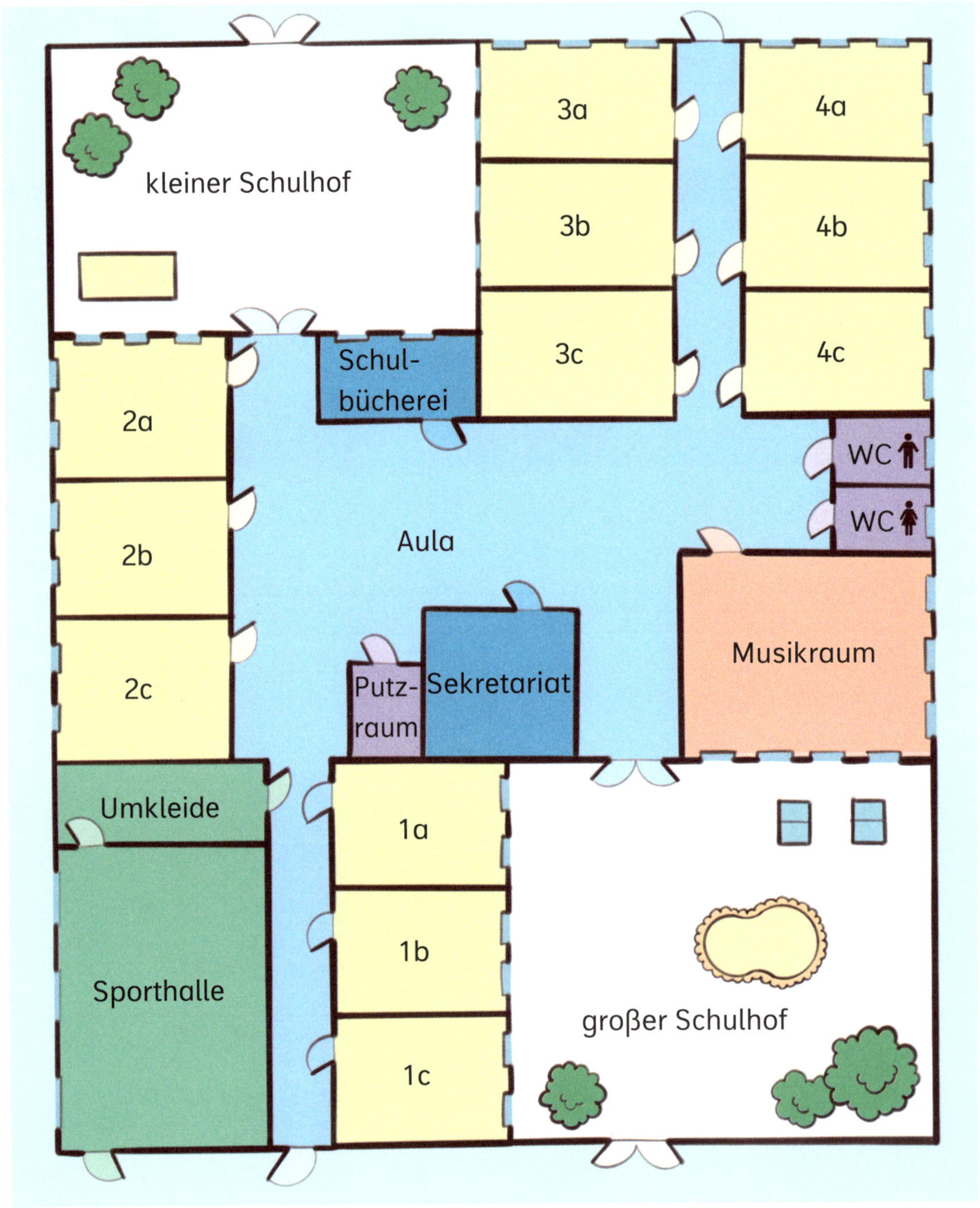

Gebrauchstext: Lageplan

1 Zeichne den Weg in den Plan ein, den Elsa beschreibt.

Mein heutiger Schultag beginnt auf dem großen Schulhof.

Wenn es klingelt, gehe ich zum Musikraum.

Danach gehe ich in der 2. Stunde in die Schulbücherei.

Meine Pause verbringe ich auf dem kleinen Schulhof.

In der 3. und 4. Stunde habe ich Unterricht in meinem Klassenraum. Ich bin in der 4a.

Nach der 4. Stunde melde ich mich in der Aula in der Betreuung an.

2 Was stimmt? Was stimmt nicht? Kreuze an.

Die Sporthalle liegt gegenüber den Klassen 1a bis 1c.	☐	☐
Die Räume der 4a und der 4b liegen nebeneinander.	☐	☐
Das Sekretariat ist neben dem Ausgang zum großen Schulhof.	☐	☐
Die 4b ist die Nachbarklasse der 4c.	☐	☐
Neben der Schulbücherei ist der Putzraum.	☐	☐
Der Musikraum ist der größte Raum.	☐	☐

› einen Weg im Lageplan nachvollziehen
› Aussagen im Text überprüfen

Sprachspiel: Bilderrätsel

Der verlorene ???

1 Lies den Text und löse die Bilderrätsel. Schreibe.

Elsa ruft: „Oh nein, wo ist nur mein  + r ______________!“
„Wo hast du ihn denn zuletzt gesehen?“, will Umut wissen.
Elsa entgegnet: „Na hier, in meinem Mäppchen.“
Paul fragt: „Ist er dir vielleicht in deine  Fl = T ______________ gefallen?“
Elsa schüttelt betrübt den  T = K ______________.
„Dann lasst uns alle gemeinsam suchen“, schlägt Lulu vor.
Paul sucht unter der  ss = f + l ______________.
Lulu schaut neben der  o = ü ______________ nach.
Umut sucht neben dem  en = al ______________ und Elsa bei der  r = i + ung ______________.
Plötzlich ruft Umut: „Ich habe ihn! Er lag neben der  L = K ______________ mit den Spielsachen für die Pause.“
„Was für ein  a = ü, s = ck ______________. Danke, Umut!“, meint Elsa erleichtert.
Dann sagt sie zu allen drei Kindern: „Danke, dass ihr mir alle beim Suchen geholfen habt. Ihr seid echt tolle  N = Fr + de ______________.“

Sprachspiel: Bilderrätsel

2 Beantworte die Fragen. Schreibe.

Welchen Gegenstand sucht Elsa?

____

Wo schlägt Paul zuerst vor zu suchen?

____

Wo wird der Gegenstand schließlich gefunden?

____

Was macht Elsa zum Schluss?

____

3 Wer sucht wo im Raum? Trage die Namen der Kinder in die Felder ein.

4 Welches Bilderrätsel hat als Lösungswort **Radiergummi**? Kreuze an.

 + ier +  Fl = g ☐

 + ier +  Ka = fl ☐

Detektivwissen überprüfen

Auf dem Weg

Mit meinem Ranzen bin ich auf dem Weg,
die Straße entlang, dann weiter am ________.
Wie ist der Ranzen nur wieder so schwer,
ich wünsche mir so, er wär‘ einmal ________.

Mein Rücken tut weh, ich kann bald nicht mehr,
weniger Bücher, das wünscht‘ ich so ________.
Jetzt noch den Hügel zur Schule hinauf,
ich hab‘ so gar keine Lust mehr ________.

Da kommt Anton herbei, läuft neben mir her,
er grüßt und grummelt: „Das Ding ist so ________!“
Ich weiß, was er meint, und nicke nur stumm,
dann fällt mir was ein. Wie sind wir so ________!

Ich sage zu Anton, ich weiß was wir tun,
wir teilen die Bücher, was sagst du ________?
Anton findet den Einfall ganz toll,
dann sind beide Ranzen nicht mehr so ________.

1 Setze die passenden Reimwörter in das Gedicht ein.

sehr   nun   dumm   schwer

leer   darauf   Steg   voll

2 Welche Aussage passt zum Gedicht? Male an.

Ich nehme morgen für uns das Mathebuch mit und du packst das Deutschbuch ein.

Ich nehme morgen alle Bücher für uns mit. Übermorgen bist du dann dran.

› ein Gedicht vervollständigen
› Fragen zum Text beantworten
› den eigenen Lernstand einschätzen

Spurensicherung: Der 1. Hinweis!

Die Detektive untersuchen das Paket auf Fingerabdrücke.
Leider sind alle verwischt. Vorsichtig entfernt Paul das rote Papier.
Lulu öffnet den Deckel des Pakets.
Plötzlich hören die Kinder eine verstellte Stimme: „Bitte helft mir!
Ich finde mein Mars-Forscherset nicht mehr. Ich habe vier Teile
an vier Orten versteckt. So gut, dass ich sie nicht wiederfinden kann.
Sucht sie, bitte, und bringt mein ...“
Erschrocken lässt Lulu den Deckel fallen.
Die Stimme verstummt.
„Ein sprechendes Paket!“, flüstert Umut.
Lulu macht den Deckel wieder auf.
Die Stimme redet weiter: „... Forscherset zurück.
Ich wohne im Bachstein Weg 44.“
Paul ruft: „Ich weiß, wie der Trick funktioniert!“

? Innen im Paket ist ein Chip versteckt. Wie funktioniert der Chip?

1 = L
2 = i

1 = t
2 = s

~~1 2 3~~
4 = s; 5 = o

☐ über einen Lichtschalter

1a

☐ über einen Lichtsensor

1b

Ein Schreck im Wald

Leonie und Florian wollen heute mit ihren Eltern wandern gehen. Die beiden sind Geschwister. Heute ist das beste Wetter für einen Ausflug. Die Sonne scheint. Die Kinder packen ihre Rucksäcke voll mit Essen und Getränken. Dann machen sie sich auf den Weg.

Die Familie wandert über Wiesen und durch einen Wald. Dort stehen viele Laub- und Nadelbäume. Sie spenden Schatten, darum ist es angenehm kühl. Leonie atmet die frische Luft tief ein, lauscht in den Wald hinein und meint: „Wenn wir draußen unterwegs sind, ist es immer so schön ruhig. Das mag ich gerne."

Nach einer Weile kommt die Familie auf eine Lichtung mit einem kleinen Bach. Hier spüren sie wieder die warme Sonne auf der Haut. „Das ist der perfekte Ort für unser Picknick!", ruft Florian begeistert. Mama und Papa sehen das genauso und breiten eine große Picknickdecke aus. Es gibt Butterbrote und leckere Apfelschorle.

Leonie beißt gerade in ihr Butterbrot, als plötzlich etwas Kühles ihr Bein berührt. Sie schaut hinunter und fängt sofort an zu schreien: „Hilfe! Da ist eine Schlange!" Leonie springt auf und Florian flüchtet vor lauter Schreck gleich mit. Mama beruhigt die Kinder: „Keine Angst, das ist keine Schlange, sondern eine Blindschleiche." Papa ergänzt: „Ja, genau – Blindschleichen sind Echsen ohne Beine. Deshalb verwechselt man sie oft mit einer Schlange. Sie sind aber ungefährlich." Die Blindschleiche verschwindet wieder im hohen Gras.

Leonie und Florian atmen auf: „So ein Glück – also doch keine giftige Schlange.“
Die Kinder setzen sich wieder auf die Decke und beenden das Picknick. Leonie legt sich hin. Sie sagt: „In der Natur zu sein ist wirklich toll. Manchmal ist es einfach nur still. Und manchmal erlebt man die aufregendsten Abenteuer!“

1 Welche Sätze stehen genauso im Text? Kreuze an.

- Leonie und Florian wollen mit ihren Eltern angeln gehen. ☐
- Die Kinder packen ihre Rucksäcke voll mit Essen und Getränken. ☐
- Die Familie wandert durch einen Wüste. ☐
- Es gibt Butterbrote und leckere Apfelschorle. ☐
- Blindschleichen sind eklig. ☐
- Die Blindschleiche verschwindet wieder im hohen Gras. ☐
- Leonie und Florian atmen durch. ☐
- Leonie legt sich hin. ☐

2 Welche Reihenfolge ist richtig? Nummeriere.

Erzähltext

3 Verbinde die passenden Satzteile.

Leonie und Florian ○	○ sind Geschwister. ○ sind Nachbarn.
Es gibt ○	○ Lutscher und Limonade. ○ Butterbrote und Apfelschorle.
Blindschleichen ○	○ sind Echsen ohne Beine. ○ sind Insekten.

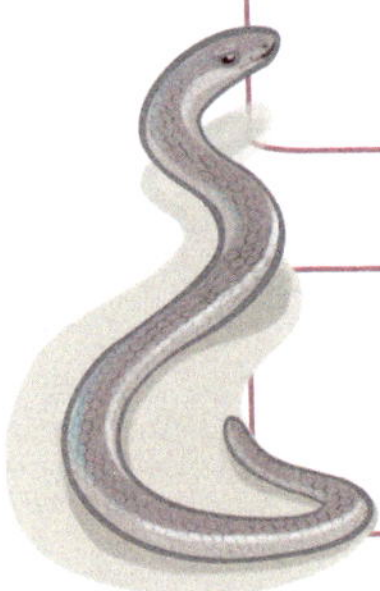

4 Beantworte die Fragen. Schreibe.

Welche Bäume stehen in dem Wald, durch den die Familie wandert?

____

Was breiten Mama und Papa aus?

____

Was macht Leonie gerade, als die Blindschleiche ihr Bein berührt?

____

Wer beruhigt die beiden Kinder, als sie Angst haben?

____

› Sätze zum Text vervollständigen
› Fragen zum Text beantworten
› Textstellen finden

Die Olympischen Spiele

A Die Olympischen Spiele sind das älteste und größte Sportfest auf der ganzen Welt. Oft sagen die Menschen auch Olympiade zu diesem Fest. Das ist aber falsch, denn Olympiade ist eigentlich die Zeit zwischen zwei Olympischen Spielen. Es gibt Sommerspiele und Winterspiele. Die Spiele finden alle vier Jahre statt. Es finden Wettkämpfe in verschiedenen Sportarten statt.

B Es gibt mehr als 30 Olympische Sportarten. Dazu gehören zum Beispiel Bogenschießen, Handball, Rudern oder Tennis. Die Spiele werden je nach Sportart von einzelnen Personen oder in einer Mannschaft durchgeführt. Die ersten drei Sieger oder Siegerinnen erhalten eine Medaille. Es gibt Bronze-, Silber- und Goldmedaillen.

C Neben den Olympischen Spielen gibt es auch noch die Paralympischen Spiele. Sie sind für Menschen mit einer körperlichen Behinderung. Man unterscheidet auch hier in Sommerspiele und Winterspiele.

D Zu Beginn der Olympischen Spiele wird ein Feuer angezündet. Dafür lässt man die Sonne auf einen Spiegel scheinen. Die Sonnenstrahlen können dann auf Holz gerichtet werden und erzeugen so ein Feuer. Das Feuer wird also nicht einfach mit einem Streichholz oder Feuerzeug entzündet. Oft bringen berühmte Menschen das Feuer mit einer Fackel zu dem Ort, an dem die Olympischen Spiele stattfinden.

Sachtext

E Es gibt auch eine Olympische Flagge. Auf ihr sind fünf Ringe zu sehen, die verschiedene Farben haben. Die Farben sind blau, schwarz, rot, gelb und grün. Die Ringe stehen für die fünf Kontinente, aus denen die Menschen für die Spiele kommen.

F Bereits im alten Griechenland, vor vielen tausend Jahren, veranstalteten die Menschen sportliche Spiele. Damals wurden unter den Männern Wettkämpfe im Laufen, Fünfkampf, Faustkampf und Wagenrennen ausgetragen. Der Sieger bekam einen Kranz aus Olivenzweigen. Die Spiele fanden in der Stadt Olympia statt.

1 Welche Überschrift passt zu welchem Abschnitt?
Trage die Buchstaben A bis F ein.

- ◯ Die Paralympischen Spiele
- ◯ Die Olympiade
- ◯ Die Olympische Flagge
- ◯ Das Olympische Feuer
- ◯ Das antike Griechenland
- ◯ Die Olympischen Sportarten

2 Welche Flagge ist die Olympische Flagge? Kreuze an.

› zentrale Aussagen von Textabschnitten erfassen und Überschriften zuordnen
› einem Text Informationen entnehmen

3 Verbinde die Olympischen Sportarten mit dem passenden Bild.

Rudern | Handball | Tennis

Volleyball | Bogenschießen

4 Was stimmt? Was stimmt nicht? Was steht nicht im Text? Kreuze an.

	👍	👎	👁
Olympiade ist die Zeit zwischen zwei Olympischen Spielen.	☐	☐	☐
Es gibt weniger als 10 Olympische Sportarten.	☐	☐	☐
Boxen ist eine Olympische Sportart.	☐	☐	☐
Es gibt Bronze-, Silber- und Goldmedaillen.	☐	☐	☐
Die Paralympischen Spiele sind für Menschen mit einer körperlichen Behinderung.	☐	☐	☐
Das Oympische Feuer wird mit einem Streichholz angezündet.	☐	☐	☐
Auf der Oympischen Flagge sind sechs Ringe.	☐	☐	☐
Die Oympische Flagge wurde vor 100 Jahren erfunden.	☐	☐	☐

› Textinhalt und Bilder aufeinander beziehen
› Aussagen zum Text überprüfen

Sprachspiel: Lesespur

Spurensuche auf dem Weihnachtsmarkt

1 Wenn du wissen willst, was auf dem Weihnachtsmarkt passiert, lies die Texte der Reihe nach durch. Schreibe die Buchstaben aus dem Bild neben dem passenden Text auf.

1 Elsa und Lulu sind mit den Eltern auf dem Weihnachtsmarkt. Elsas Hund Uno ist auch dabei. Er trägt heute ein kleines Glöckchen an seinem Halsband. Elsa und die anderen schauen sich die vielen Stände und Hütten an. Nach einer Weile bekommen die Kinder und die Erwachsenen Hunger. Sie stellen sich an einem Stand mit Kartoffelpuffern an. Da merken sie, dass Uno verschwunden ist! Lulu meint: „Vielleicht ist er dem Geruch von Bratwürstchen gefolgt!“

2 Am Stand mit den Bratwürstchen suchen Elsa, Lulu und die Eltern leider vergeblich nach Uno. Keine Spur von ihm! Da entdeckt Elsa einen Weihnachtsmann. Er trägt einen dicken Sack, in dem sie es rascheln hört. Ob Uno das Geräusch auch gehört hat?

› die Textsorte Lesespur kennen
› Textinhalt und Bild aufeinander beziehen

Sprachspiel: Lesespur

3 Elsa begrüßt ihn: „Hallo Weihnachtsmann, hast du zufällig meinen Hund Uno gesehen? Er ist klein und hat ein braun-weißes Fell." Der Weihnachtsmann denkt kurz nach und erwidert dann: „Ich glaube, dass ich einen Hund beim Karussell gesehen habe."

4 Beim Karussell erblickt Lulu tatsächlich einen kleinen Hund, der verspielt herumspringt. Allerdings ist es leider nicht Uno, sondern ein anderer Hund. Die Mädchen blicken sich hilflos um. Da ruft Lulus Papa: „Da hinten! Ich glaube, ich sehe Uno bei der Schlittschuhbahn!"

5 Auf der Schlittschuhbahn drehen viele Kinder ihre Runden. Sie lachen und freuen sich. Das sieht wirklich nach Spaß aus, aber Uno ist weit und breit nicht zu entdecken.

6 So langsam verlieren die Mädchen den Mut.
Elsa fragt: „Wo sollen wir noch suchen?"
Da hört Lulu plötzlich ein leises Klingeln beim Weihnachtsbaum.
Das könnte Unos Glöckchen sein." Aber hier ist er auch nicht.

7 Das Klingeln des Glöckchens führt die vier zurück zum Parkplatz. Und tatsächlich, dort sitzt Uno. Elsa kombiniert: „Natürlich! Als Uno uns nicht mehr finden konnte, ist er zum Auto gelaufen, weil er wusste, dass wir irgendwann kommen würden."

2 Trage die Lösungsbuchstaben aus den Kreisen hier ein und du erfährst, was alle zusammen nach dem Schrecken essen.

___ ___ ___ ___ ___ ___ ___

› die Textsorte Lesespur kennen
› sinnentnehmend lesen
› Textinhalt und Bild aufeinander beziehen

Detektivwissen überprüfen

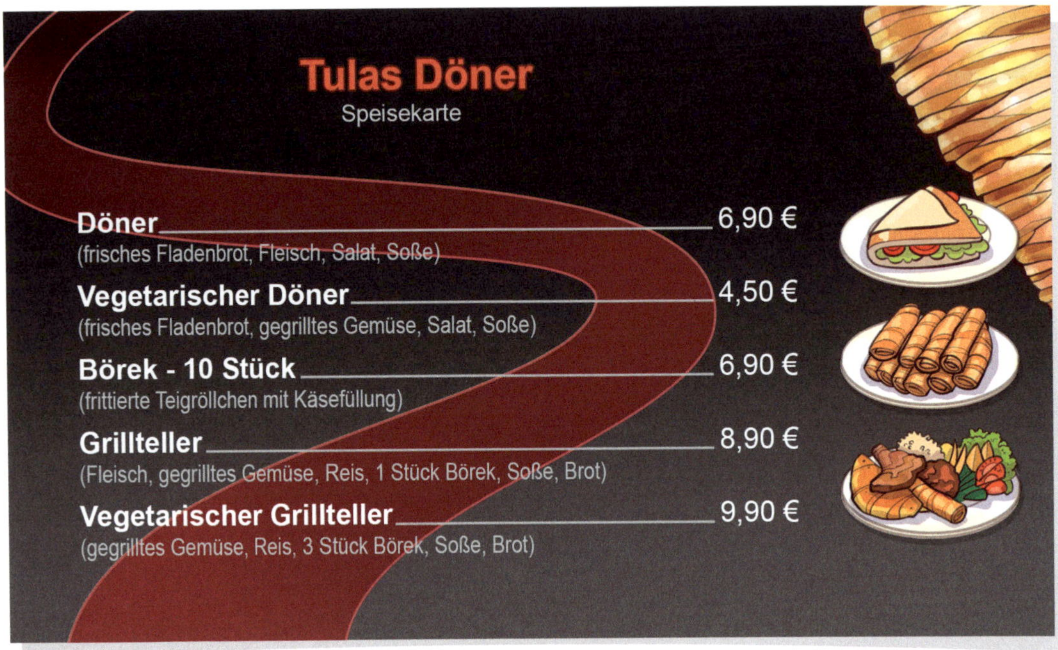
Tulas Döner
Speisekarte

Döner (frisches Fladenbrot, Fleisch, Salat, Soße)	6,90 €
Vegetarischer Döner (frisches Fladenbrot, gegrilltes Gemüse, Salat, Soße)	4,50 €
Börek - 10 Stück (frittierte Teigröllchen mit Käsefüllung)	6,90 €
Grillteller (Fleisch, gegrilltes Gemüse, Reis, 1 Stück Börek, Soße, Brot)	8,90 €
Vegetarischer Grillteller (gegrilltes Gemüse, Reis, 3 Stück Börek, Soße, Brot)	9,90 €

1 Beantworte die Fragen. Kreuze an.

Wie viel kostet der vegetarische Döner?

☐ 4,50 Euro ☐ 5,50 Euro ☐ 4,40 Euro

Was ist ein Börek?

☐ eine Teigschnecke ☐ ein Fladenbrot ☐ ein frittiertes Teigröllchen

Wie viele Gerichte stehen auf der Karte?

☐ 4 Gerichte ☐ 7 Gerichte ☐ 5 Gerichte

Was ist nicht auf dem Grillteller?

☐ gegrilltes Gemüse ☐ Salat ☐ Reis

Welches Gericht ist ohne Fleisch?

☐ Börek ☐ Grillteller ☐ Döner

› die Textsorte Speisekarte kennen
› Fragen zu einem Text beantworten
› den eigenen Lernstand einschätzen

Spurensicherung: Der 2. Hinweis!

Paul erklärt den Trick: „Wenn man den Deckel des Pakets öffnet, fällt Licht auf den Sensor. Dann spielt der Chip die aufgesprochene Nachricht ab.“ Die Detektive wüssten nur zu gerne, wer ihnen das Paket geschickt hat. Die Stimme klingt nach einem Jungen, aber sie ist zu stark verstellt. Sie kommt ihnen nicht bekannt vor. Doch die Nachricht ist noch nicht zu Ende. Der Junge gibt den Detektiven die Orte durch, an denen sie suchen sollen. Elsa schreibt schnell mit und murmelt dabei: „Skaterbahn, Höhle am Fluss, Bolzplatz und ...“

? Wo soll TEAM LUPE noch suchen? Lies rückwärts und füge die Leerräume zwischen den Wörtern wieder ein.

☐ beim alten Karussell im Park

2a

☐ bei der alten Kapelle im Park

2b

Erzähltext

Eine Fabel ist eine kurze, erfundene Erzählung, in der Tiere sich wie Menschen verhalten. Es gibt immer etwas, das man aus der Geschichte lernen soll.

Der Esel und der Hund

Ein Bauer, ein Hund und ein Esel lebten schon seit einer langen Zeit zusammen. Der Hund bewachte das Haus, der Esel trug die schweren Waren und der Bauer kümmerte sich um die beiden Tiere. Einmal wanderten die drei über ein Feld. Sie machten eine Pause, weil es so heiß war. Der Bauer wurde müde und legte sich zum Schlafen unter einen Baum. Da fing der Esel an Gras zu fressen. Der Esel dachte: „Ich habe es wirklich gut. Hier gibt es überall schönes saftiges Gras für mich.“ Der Hund sah dem Esel mit leerem Magen zu. Er sagte zum Esel: „Lieber Freund. Ich habe schrecklichen Hunger. Wenn du dich herunter bückst, könnte ich mein Essen aus dem Korb auf deinem Rücken nehmen.“ Doch der Esel war faul und hatte keine Lust sich zu bücken. „Warte einfach bis der Bauer aufwacht. Er gibt dir dann dein Futter“, erwiderte der Esel. Kaum hatte der Esel ausgesprochen, stürzte ein hungriger Wolf aus dem Wald auf das Feld. Da rief der Esel voller Angst: „Zu Hilfe! Hund, so hilf mir doch.“ Doch der Hund rettete sich schnell auf einen Baum. Er rief dem Esel zu: „Warte einfach bis der Bauer aufwacht. Er wird dich dann vor dem Wolf beschützen.“

nach Jean de La Fontaine

Der Rabe und der Fuchs

Eines Morgens saß ein Rabe mit einem gestohlenen Stück Käse im Schnabel auf einem Baum. Ein Fuchs folgte dem Geruch des Käses. Er überlegte, wie er den Käse von dem Raben bekommen könnte. Dann hatte er eine listige Idee. Der Fuchs lobte den Raben freundlich: „Oh Rabe, du bist so ein

wunderbarer Vogel. Wenn dein Gesang genauso schön ist, wie dein Gefieder, dann solltest du der König aller Vögel sein!“ Der Rabe war sehr geschmeichelt. Stolz riss er den Schnabel auf und begann zu krächzen. Dabei fiel das köstliche Stück Käse zum Fuchs hinunter.
Dieser schnappte sich schnell den Leckerbissen und begann zu fressen. Da rief der Rabe empört: „He, das war sehr gemein!“ Doch der Fuchs lachte nur über den dummen Raben.

nach Äsop

1 Was denken Fuchs und Rabe? Verbinde die Sprechblasen richtig.

2 Beantworte die Fragen. Schreibe.

Welche Tiere kommen in den Fabeln vor?

____

Wovor hat der Esel Angst?

____

Welche Beute trägt der Rabe im Schnabel?

____

› Aussagen aus einer Fabel zuordnen
› Fragen zu einer Fabel beantworten

3 Kreise jeweils passend ein.

Welche Eigenschaften passen zum Raben?

faul eitel gemütlich eingebildet schlau gemein dumm

Welche Eigenschaften passen zum Fuchs?

listig freundlich hinterhältig hilfsbereit dumm schlau gefräßig

4 Was kann man aus den Fabeln jeweils lernen? Verbinde.

Der Hund und der Esel

Der Rabe und der Fuchs

Wie du mir, so ich dir!

Der Klügere gibt nach!

Hochmut* kommt vor dem Fall!

Geteiltes Leid, ist halbes Leid.

*hat eine ähnliche Bedeutung wie: Überheblichkeit, Arroganz, Wichtigtuerei

› Eigenschaften passend zuordnen
› zentrale Aussagen von Fabeln erfassen

Schulbus Fahrplan Linie 18

Haltestelle: Grundschule Neustadt, Fahrplan gültig ab 15. August

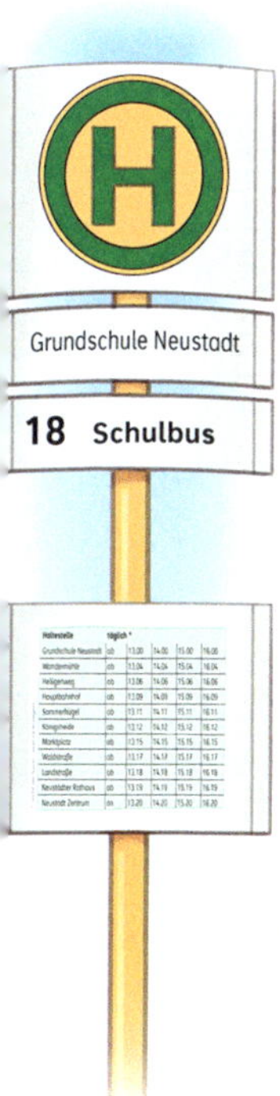

Haltestelle	täglich *				
Grundschule Neustadt	ab	13:00	14:00	15:00	16:00
Wandermühle	ab	13:04	14:04	15:04	16:04
Heiligenweg	ab	13:06	14:06	15:06	16:06
Bahnhof	ab	13:09	14:09	15:09	16:09
Sommerhügel	ab	13:11	14:11	15:11	16:11
Heideweg	ab	13:12	14:12	15:12	16:12
Marktplatz	ab	13:15	14:15	15:15	16:15
Waldstraße	ab	13:17	14:17	15:17	16:17
Landstraße	ab	13:18	14:18	15:18	16:18
Rathaus	ab	13:19	14:19	15:19	16:19
Neustadt Zentrum	an	13:20	14:20	15:20	16:20

* nicht an Sonn- und Feiertagen

1 Beantworte die Fragen. Kreuze an.

Ab wann gilt der Fahrplan?

☐ ab 15. April ☐ ab 15. August ☐ ab 14. August

Welche Buslinie fährt?

☐ Linie 15 ☐ Linie 19 ☐ Linie 18

Wie viele Haltestellen liegen zwischen Bahnhof und Rathaus?

☐ 3 Haltestellen ☐ 5 Haltestellen ☐ 6 Haltestellen

Wie heißt die Endhaltestelle der Linie 18?

☐ Neustadt Bahnhof ☐ Neustadt Zentrum ☐ Zentrum

› die Textsorte Fahrplan kennen
› Fragen zum Text beantworten

Gebrauchstext: Fahrplan

2 Was stimmt? Was stimmt nicht? Kreuze an.

	👍	👎
Der Bus hält an der Peterskirche.	☐	☐
Der erste Bus fährt um 13:00 Uhr von der Grundschule Neustadt ab.	☐	☐
Der Bus braucht eine Minute vom Rathaus zum Neustadt Zentrum.	☐	☐
Der Bus fährt insgesamt fünfmal am Tag von der Grundschule Neustadt ab.	☐	☐
Der Bus hält an elf verschiedenen Haltestellen.	☐	☐

3 Verbinde die passenden Satzteile.

Auf diesem Busfahrplan erkennt man ○
- ○ welche Farbe ein Bus hat.
- ○ wann ein Bus abfährt.

Dieser Bus hat ○
- ○ eine Liniennummer.
- ○ kaputte Sitze.

Der Busfahrplan zeigt ○
- ○ die Fahrzeit zwischen den Haltestellen.
- ○ ob der Bus pünktlich ist.

› Aussagen zum Fahrplan überprüfen
› Sätze zum Text vervollständigen

Gebrauchstext: Fahrplan

4 Max fährt mit dem Bus der Linie 18. Lies die Aussage und markiere die richtige Uhrzeit.

14:06 Uhr

14:15 Uhr

14:09 Uhr

Ich soll mich mit meiner Mutter nach der Schule am Marktplatz treffen. Ich habe um 13:50 Uhr Schulschluss. Wann komme ich am Marktplatz an?

5 Lulu sieht vom Bus aus viele Verkehrszeichen.
Welches Verkehrszeichen gehört zu welcher Erklärung?
Trage die richtigen Zahlen ein.

3 Fußgängerweg: Hier kann ich sicher gehen. Mein Fahrrad muss ich schieben, wenn ich hier laufen möchte.

6 Fahrradweg: Auf diesem Weg kann ich sicher mit meinem Fahrrad fahren.

1 Spielstraße: Hier müssen Autos Schritttempo fahren. Ich darf auf der Straße spielen.

5 Stop: Ich muss stehen bleiben und alle vorbei lassen.

2 Haltestelle: Hier halten Busse an.

4 Zebrastreifen: Hier kann ich sicher die Straße überqueren. Autos müssen stehen bleiben.

Sprachspiel: Gedicht

Der einsame Eisbär

1
Am Nordpol, tief im Schnee,
wohnt ein Eisbär an ‘nem See.
Der See, er war nicht immer dort,
doch nun ist es wärmer an diesem Ort.

2
„Bald ist das Eis hier ganz verschwunden“,
denkt der Eisbär schon seit Stunden.
„Wie soll ich Leben ohne Schnee?
Wollen die Menschen, dass ich geh?“

3
Der Eisbär tapst traurig herum,
die Pfoten heiß, die Stimme stumm.
Er läuft noch bis in die Nacht hinein,
ist mit seinen Sorgen ganz allein.

4
Doch viele Menschen sind nicht dumm,
sie denken an die Welt um sie herum.
Sie haben zum Glück schnell festgestellt,
der Nordpol ist auch wichtig für die Welt.

5
Drum schützen sie die Umwelt nun,
indem sie sich zusammentun.
Bald kann der Eisbär wieder lachen
und immerzu im Schnee erwachen.

› die Textsorte Gedicht kennen
› sinnentnehmend lesen

Sprachspiel: Gedicht

1 Beantworte die Fragen. Kreuze an.

Wo wohnt der Eisbär?

☐ am Südpol ☐ im Polarmeer ☐ am Nordpol

Wie fühlt sich der Eisbär?

☐ fröhlich ☐ traurig ☐ wütend

2 Schreibe die Strophennummer auf.

3 Worum geht es in dem Gedicht? Verbinde.

Es geht um

- einen glücklichen Eisbären.
- Umweltschutz und wie wichtig der Nordpol ist.
- einen zugefrorenen See.

Detektivwissen überprüfen

Schulstreik für das Klima

Greta Thunberg kommt aus Schweden. Sie interessiert sich bereits als Grundschülerin für Klimaschutz. In der Schule erfährt sie, dass viele Umstände auf der Erde unsere Umwelt belasten oder sogar zerstören. Greta wollte etwas dagegen tun, denn wir sind auch für diese Zerstörung verantwortlich. Darum ging sie an einem Tag in der Woche nicht in die Schule. Stattdessen stellte sie sich vor das schwedische Parlament und hielt ein Schild hoch auf dem „Skolstrejk för Klimatet“ stand. Das bedeutet „Schulstreik für das Klima“.

Am Anfang haben vor allem Jugendliche Greta unterstützt und gemeinsam mit ihr demonstriert.

Daraus entstand eine Gruppe, die sich „Fridays for Future“ nennt. Die jungen Menschen wollen damit deutlich machen, dass sie an Freitagen nicht in die Schule gehen, um stattdessen auf die Klimakrise und unsere umweltschädliche Lebensweise aufmerksam machen. Mittlerweile unterstützen Millionen von unterschiedlichen Menschen weltweit Gretas Anliegen.

1 Welches Schild gehört Greta? Kreise ein.

2 Was stimmt? Was stimmt nicht? Was steht nicht im Text? Kreuze an.

	👍	👎	(steht nicht im Text)
Greta stellte sich vor das schwedische Parlament.	☐	☐	☐
Tausend Menschen unterstützen Gretas Anliegen.	☐	☐	☐

› einem Text Informationen entnehmen
› den eigenen Lernstand einschätzen

Spurensicherung: Der 3. Hinweis!

Umut greift nach seinem Rucksack.
„Kommt, fangen wir an zu suchen!"
Als die Kinder mit den Hunden das Haus verlassen,
lehnt gegenüber am Zaun ein blonder Junge.
Er sieht sie kurz an, geht dann aber weiter.
Lulu, Elsa und Umut steigen auf ihre Räder.
Paul ist mit dem Rolli genauso schnell.
Zuerst fahren die Detektive zur Höhle am Fluss.
Lulu möchte dem verzweifelten Mars-Forscher gerne helfen.
Auch sie findet das Weltall, die Planeten und die Sterne sehr spannend.
Die Kinder sind am Ziel. Elsa leuchtet mit der Taschenlampe
in die dunkle Höhle hinein. Uno flitzt los und bellt.
„Er hat was gefunden!", ruft Lulu.

? Zähle die Raketen und Raumschiffe. Wovon gibt es mehr?
Jetzt weißt du, was Uno gefunden hat.

☐ eine Rakete

3a

☐ ein Raumschiff

3b

Ein lang erwartetes Geschenk

Umut kommt ins Zimmer gestürmt. Er hat ein Päckchen in der Hand und ruft: „Es ist endlich da!“ Dann setzt er sich zu Elsa, Paul und Lulu und berichtet aufgeregt: „Das Päckchen kommt aus der Türkei. Es ist ein Geschenk von meinem Onkel. Ich habe jeden Tag darauf gewartet und eben ist es endlich angekommen.“

Während Umut erzählt, reißt er das Päckchen bereits auf. Die anderen schauen neugierig zu, wie Umut eine große Schachtel aus dem Päckchen nimmt. Umuts Augen huschen über bunte Buchstaben. Dann liest er laut vor: „Detektivkoffer für kleine Profis!“ „Cool! Los, mach den Koffer auf!“, ruft Elsa begeistert.

Umut hebt den Deckel ab. Im Koffer liegen eine Lupe, ein Absperrband, ein Notizblock, eine Pinzette, ein Stempelkissen, eine Pipette, verschiedene Pinsel, eine Rolle Klebstreifen und mehrere Karten aus Pappe. „Wofür ist das denn?“, will Paul wissen und hält das Stempelkissen in die Höhe. Lulu antwortet: „Ich glaube, damit kannst du Fingerabdrücke machen.“ Umut ergänzt: „Dafür sind auch die Karten aus Pappe. Das sind Stempelkarten.“ Lulu nickt und erklärt weiter: „Auf unseren Fingern sind ganz feine Linien. Man kann sie mit dem Auge kaum sehen. Wenn du aber einen Finger auf das Stempelkissen und dann hier auf die Karte drückst, dann werden diese Linien sichtbar und du kannst deinen Fingerabdruck sehen.“

Die Kinder probieren es gleich aus und betrachten die Ergebnisse. Paul meint: „Wow! Die Linien sind echt gut zu sehen. Nur bei meinem kleinen Finger hatte ich wohl nicht genug Farbe.“

1 Der Krimi beginnt mit dieser Seite:

Unser Fall

Hier erfährst du, was passiert ist.

Ein neuer Fall für TEAM LUPE

Bevor es mit dem Fall weitergeht, kommt erst mal ein Übungskapitel.

2 Weiter geht es mit der

Spurensicherung

Du ermittelst gemeinsam mit TEAM LUPE.
Löse das Rätsel und finde den Hinweis.
Jetzt weißt du, welcher Sticker in die Fallakte gehört.

Klebe den richtigen Hinweis-Sticker vom Stickerbogen in die Fallakte.

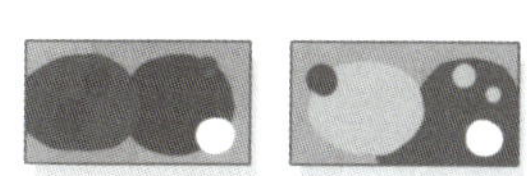

Bist du unsicher, welches der richtige Sticker ist? Du findest die Lösung auch immer versteckt auf der Seite.

Übe nun weiter.

2-mal blättern, dann geht es weiter.

Illustrationen: Michael Stapper

Meine Hinweis-Sticker für den Fall

1a

1b

2a

2b

3a

3b

4a

4b

5a

5b

6a

6b

Illustrationen: Michael Stapper

westermann

TEAM LUPE ERMITTELT

Das sprechende Paket

LÖSUNGEN

(zum Heraustrennen die mittlere Klammer lösen)

4

Lösungen zu
ISBN 978-3-14-**141493**-9
Illustriert von Michael Stapper, Antje Hagemann, Falk Holzapfel, Cesare Asaro

Lesen
FÖRDERN

Was wollen wir spielen?

Lulu ist heute bei Elsa. Draußen regnet es. Elsa fragt: „Was wollen wir spielen?" „Wie wäre es mit einem Kartenspiel?", schlägt Lulu vor. Elsa schüttelt den Kopf: „Mmh, nee, darauf habe ich keine Lust. Ich spiele schon immer mit Oma Karten. Lass uns etwas Anderes machen." Lulu ist etwas enttäuscht. Sie hätte Lust dazu gehabt. Aber sie kann Elsa verstehen.

Nun macht Elsa einen Vorschlag: „Wir könnten mit meinem neuen Puppenhaus spielen." Davon ist Lulu nicht begeistert. Sie meint kopfschüttelnd: „Ich spiele nicht gerne mit Puppen. Ich weiß gar nicht so genau warum, aber es ist so." Elsa nickt. Sie weiß, was Lulu meint. Wenn ihre Schwester Mona mit ihr puzzeln will, hat Elsa auch selten Lust darauf.

Deshalb antwortet sie: „Okay, kein Problem. Ich kann ja auch noch morgen damit spielen." Lulu nickt erleichtert, dann meint sie noch: „Weißt du, ich baue lieber Dinge." Das bringt Elsa auf eine Idee, die ihnen beiden Spaß machen könnte. Sie schlägt vor: „Wie wäre es, wenn wir aus dem Karton vom Puppenhaus ein eigenes Haus bauen?" Diese Idee findet Lulu spitze!

Den Rest des Nachmittages sind die beiden Mädchen damit beschäftigt, Fenster und eine Tür aus dem Karton zu schneiden und die Wände zu bemalen.

› sinnentnehmend lesen

1 Wer sagt was? Verbinde.

2 Auf welche Idee einigen sich Elsa und Lulu? Schreibe.

Elsa und Lulu einigen sich darauf, aus dem Karton vom Puppenhaus ein eigenes Haus zu bauen.

3 Wie verhalten sich Lulu und Elsa im Gespräch? Kreuze an.

- [ ] Elsa will nur das spielen, worauf sie Lust hat.
- [ ] Lulu will nur das spielen, worauf sie Lust hat.
- [x] Elsa und Lulu wollen etwas spielen, was beiden Spaß macht.

› einem Text Informationen entnehmen
› Aussagen zuordnen
› Fragen zum Text beantworten

Lageplan der Grundschule Neustadt

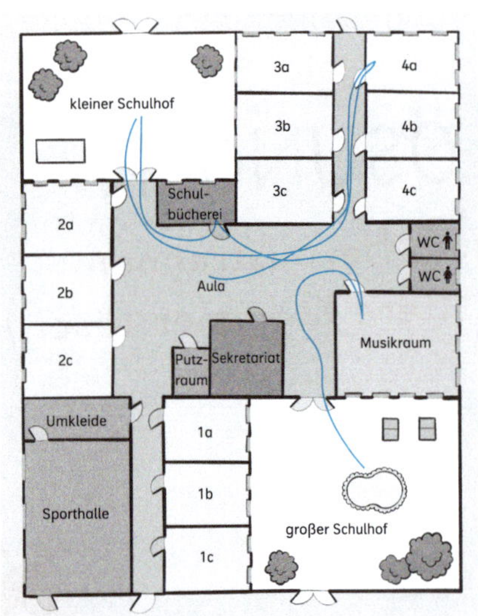

› die Textsorte Lageplan kennen

1 Zeichne den Weg in den Plan ein, den Elsa beschreibt.

Mein heutiger Schultag beginnt auf dem großen Schulhof.
Wenn es klingelt, gehe ich zum Musikraum.
Danach gehe ich in der 2. Stunde in die Schulbücherei.
Meine Pause verbringe ich auf dem kleinen Schulhof.
In der 3. und 4. Stunde habe ich Unterricht in meinem Klassenraum. Ich bin in der 4a.
Nach der 4. Stunde melde ich mich in der Aula in der Betreuung an.

2 Was stimmt? Was stimmt nicht?

	👍	👎
Die Sporthalle liegt gegenüber den Klassen 1a bis 1c.	X	
Die Räume der 4a und der 4b liegen nebeneinander.	X	
Das Sekretariat ist neben dem Ausgang zum großen Schulhof.	X	
Die 4b ist die Nachbarklasse der 4c.	X	
Neben der Schulbücherei ist der Putzraum.		X
Der Musikraum ist der größte Raum.		X

› einen Weg im Lageplan nachvollziehen
› Aussagen im Text überprüfen

TEAM LUPE ERMITTELT – Lesen 4 FÖRDERN – LÖSUNGEN

Der verlorene ???

1 Lies den Text und löse die Bilderrätsel. Schreibe.

Elsa ruft: „Oh nein, wo ist nur mein [Bild] + r Spitzer!"
„Wo hast du ihn denn zuletzt gesehen?", will Umut wissen.
Elsa entgegnet: „Na hier, in meinem Mäppchen."
Paul fragt: „Ist er dir vielleicht in deine [Bild] Fl = T Tasche gefallen?"
Elsa schüttelt betrübt den [Bild] T = K Kopf.
„Dann lasst uns alle gemeinsam suchen", schlägt Lulu vor.
Paul sucht unter der [Bild] ss = f + l Tafel.
Lulu schaut neben der [Bild] o = ü Tür nach.
Umut sucht neben dem [Bild] en = al Regal und Elsa bei der [Bild] r = i + ung Heizung.
Plötzlich ruft Umut: „Ich habe ihn! Er lag neben der [Bild] L = K Kiste mit den Spielsachen für die Pause."
„Was für ein [Bild] a = ü, s = ck Glück. Danke, Umut!", meint Elsa erleichtert.
Dann sagt sie zu allen drei Kindern: „Danke, dass ihr mir alle beim Suchen geholfen habt. Ihr seid echt tolle [Bild] N = Fr + de Freunde."

› Bilderrätsel lösen
› sinnentnehmend lesen

2 Beantworte die Fragen. Schreibe.

Welchen Gegenstand sucht Elsa?
Elsa sucht ihren Spitzer.
Wo schlägt Paul zuerst vor zu suchen?
Paul schlägt vor, in der Tasche zu suchen.
Wo wird der Gegenstand schließlich gefunden?
Der Gegenstand wird in der Kiste gefunden.
Was macht Elsa zum Schluss?
Elsa bedankt sich bei den drei Kindern.

3 Wer sucht wo im Raum? Trage die Namen der Kinder in die Felder ein.

4 Welches Bilderrätsel hat als Lösungswort **Radiergummi**? Kreuze an.

[Bild] + ier + [Bild] Fl = g — [X]
[Bild] + ier + [Bild] Ka = fl — [ ]

› Fragen zum Text beantworten
› einem Text Informationen entnehmen
› ein Bilderrätsel lösen

Detektivwissen überprüfen

Auf dem Weg

Mit meinem Ranzen bin ich auf dem Weg,
die Straße entlang, dann weiter am Steg.
Wie ist der Ranzen nur wieder so schwer,
ich wünsche mir so, er wär' einmal leer.

Mein Rücken tut weh, ich kann bald nicht mehr,
weniger Bücher, das wünscht' ich so sehr.
Jetzt noch den Hügel zur Schule hinauf,
ich hab' so gar keine Lust mehr darauf.

Da kommt Anton herbei, läuft neben mir her,
er grüßt und grummelt: „Das Ding ist so schwer!"
Ich weiß, was er meint, und nicke nur stumm,
dann fällt mir was ein. Wie sind wir so dumm!

Ich sage zu Anton, ich weiß was wir tun,
wir teilen die Bücher, was sagst du nun?
Anton findet den Einfall ganz toll,
dann sind beide Ranzen nicht mehr so voll.

1 Setze die passenden Reimwörter in das Gedicht ein.

sehr nun dumm schwer
leer darauf Steg voll

2 Welche Aussage passt zum Gedicht? Male an.

[blau ausgemalt]
Ich nehme morgen alle Bücher für uns mit. Übermorgen bist du dann dran.

› ein Gedicht vervollständigen
› Fragen zum Text beantworten
› den eigenen Lernstand einschätzen

Spurensicherung: Der 1. Hinweis!

Die Detektive untersuchen das Paket auf Fingerabdrücke.
Leider sind alle verwischt. Vorsichtig entfernt Paul das rote Papier.
Lulu öffnet den Deckel des Pakets.
Plötzlich hören die Kinder eine verstellte Stimme: „Bitte helft mir!
Ich finde mein Mars-Forscherset nicht mehr. Ich habe vier Teile
an vier Orten versteckt. So gut, dass ich sie nicht wiederfinden kann.
Sucht sie, bitte, und bringt mein ..."
Erschrocken lässt Lulu den Deckel fallen.
Die Stimme verstummt.
„Ein sprechendes Paket!", flüstert Umut.
Lulu macht den Deckel wieder auf.
Die Stimme redet weiter: „... Forscherset zurück.
Ich wohne im Bachstein Weg 44."
Paul ruft: „Ich weiß, wie der Trick funktioniert!"

? Innen im Paket ist ein Chip versteckt. Wie funktioniert der Chip?

[ ] über einen Lichtschalter (1a)
[X] über einen Lichtsensor (1b)

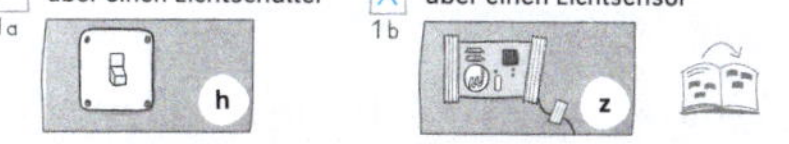

TEAM LUPE ERMITTELT – Lesen 4 FÖRDERN – LÖSUNGEN

Ein Schreck im Wald

Leonie und Florian wollen heute mit ihren Eltern wandern gehen. Die beiden sind Geschwister. Heute ist das beste Wetter für einen Ausflug. Die Sonne scheint. Die Kinder packen ihre Rucksäcke voll mit Essen und Getränken. Dann machen sie sich auf den Weg.

Die Familie wandert über Wiesen und durch einen Wald. Dort stehen viele Laub- und Nadelbäume. Sie spenden Schatten, darum ist es angenehm kühl. Leonie atmet die frische Luft tief ein, lauscht in den Wald hinein und meint: „Wenn wir draußen unterwegs sind, ist es immer so schön ruhig. Das mag ich gerne."

Nach einer Weile kommt die Familie auf eine Lichtung mit einem kleinen Bach. Hier spüren sie wieder die warme Sonne auf der Haut. „Das ist der perfekte Ort für unser Picknick!", ruft Florian begeistert. Mama und Papa sehen das genauso und breiten eine große Picknickdecke aus. Es gibt Butterbrote und leckere Apfelschorle.

Leonie beißt gerade in ihr Butterbrot, als plötzlich etwas Kühles ihr Bein berührt. Sie schaut hinunter und fängt sofort an zu schreien: „Hilfe! Da ist eine Schlange!" Leonie springt auf und Florian flüchtet vor lauter Schreck gleich mit. Mama beruhigt die Kinder: „Keine Angst, das ist keine Schlange, sondern eine Blindschleiche." Papa ergänzt: „Ja, genau - Blindschleichen sind Echsen ohne Beine. Deshalb verwechselt man sie oft mit einer Schlange. Sie sind aber ungefährlich." Die Blindschleiche verschwindet wieder im hohen Gras.

Leonie und Florian atmen auf: „So ein Glück – also doch keine giftige Schlange." Die Kinder setzen sich wieder auf die Decke und beenden das Picknick. Leonie legt sich hin. Sie sagt: „In der Natur zu sein ist wirklich toll. Manchmal ist es einfach nur still. Und manchmal erlebt man die aufregendsten Abenteuer!"

1 Welche Sätze stehen genauso im Text? Kreuze an.

Leonie und Florian wollen mit ihren Eltern angeln gehen.	☐
Die Kinder packen ihre Rucksäcke voll mit Essen und Getränken.	☒
Die Familie wandert durch einen Wüste.	☐
Es gibt Butterbrote und leckere Apfelschorle.	☒
Blindschleichen sind eklig.	☐
Die Blindschleiche verschwindet wieder im hohen Gras.	☒
Leonie und Florian atmen durch.	☐
Leonie legt sich hin.	☒

2 Welche Reihenfolge ist richtig? Nummeriere.

3 Verbinde die passenden Satzteile.

- Leonie und Florian — sind Geschwister. / sind Nachbarn. → **sind Geschwister.**
- Es gibt — Lutscher und Limonade. / Butterbrote und Apfelschorle. → **Butterbrote und Apfelschorle.**
- Blindschleichen — sind Echsen ohne Beine. / sind Insekten. → **sind Echsen ohne Beine.**

4 Beantworte die Fragen. Schreibe.

Welche Bäume stehen in dem Wald, durch den die Familie wandert?

In dem Wald stehen Laub- und Nadelbäume.

Was breiten Mama und Papa aus?

Mama und Papa breiten die Picknickdecke aus.

Was macht Leonie gerade, als die Blindschleiche ihr Bein berührt?

Leonie beißt gerade in ihr Butterbrot.

Wer beruhigt die beiden Kinder, als sie Angst haben?

Die Mama beruhigt die Kinder, als sie Angst haben.

Die Olympischen Spiele

A Die Olympischen Spiele sind das älteste und größte Sportfest auf der ganzen Welt. Oft sagen die Menschen auch Olympiade zu diesem Fest. Das ist aber falsch, denn Olympiade ist eigentlich die Zeit zwischen zwei Olympischen Spielen. Es gibt Sommerspiele und Winterspiele. Die Spiele finden alle vier Jahre statt. Es finden Wettkämpfe in verschiedenen Sportarten statt.

B Es gibt mehr als 30 Olympische Sportarten. Dazu gehören zum Beispiel Bogenschießen, Handball, Rudern oder Tennis. Die Spiele werden je nach Sportart von einzelnen Personen oder in einer Mannschaft durchgeführt. Die ersten drei Sieger oder Siegerinnen erhalten eine Medaille. Es gibt Bronze-, Silber- und Goldmedaillen.

C Neben den Olympischen Spielen gibt es auch noch die Paralympischen Spiele. Sie sind für Menschen mit einer körperlichen Behinderung. Man unterscheidet auch hier in Sommerspiele und Winterspiele.

D Zu Beginn der Olympischen Spiele wird ein Feuer angezündet. Dafür lässt man die Sonne auf einen Spiegel scheinen. Die Sonnenstrahlen können dann auf Holz gerichtet werden und erzeugen so ein Feuer. Das Feuer wird also nicht einfach mit einem Streichholz oder Feuerzeug entzündet. Oft bringen berühmte Persönlichkeiten das Feuer mit einer Fackel zu dem Ort, an dem die Olympischen Spiele stattfinden.

TEAM LUPE ERMITTELT – Lesen 4 FÖRDERN – LÖSUNGEN

Sachtext

E Es gibt auch eine Olympische Flagge. Auf ihr sind fünf Ringe zu sehen, die verschiedene Farben haben. Die Farben sind blau, schwarz, rot, gelb und grün. Die Ringe stehen für die fünf Kontinente, aus denen die Menschen für die Spiele kommen.

F Bereits im alten Griechenland, vor vielen tausend Jahren, veranstalteten die Menschen sportliche Spiele.
Damals wurden unter den Männern Wettkämpfe im Laufen, Fünfkampf, Faustkampf und Wagenrennen ausgetragen.
Der Sieger bekam einen Kranz aus Olivenzweigen.
Die Spiele fanden in der Stadt Olympia statt.

1 Welche Überschrift passt zu welchem Abschnitt? Trage die Buchstaben A bis F ein.

- (C) Die Paralympischen Spiele
- (A) Die Olympiade
- (E) Die Olympische Flagge
- (D) Das Olympische Feuer
- (F) Das antike Griechenland
- (B) Die Olympischen Sportarten

2 Welche Flagge ist die Olympische Flagge? Kreuze an.

Sachtext

3 Verbinde die Olympischen Sportarten mit dem passenden Bild.

Rudern · Handball · Tennis

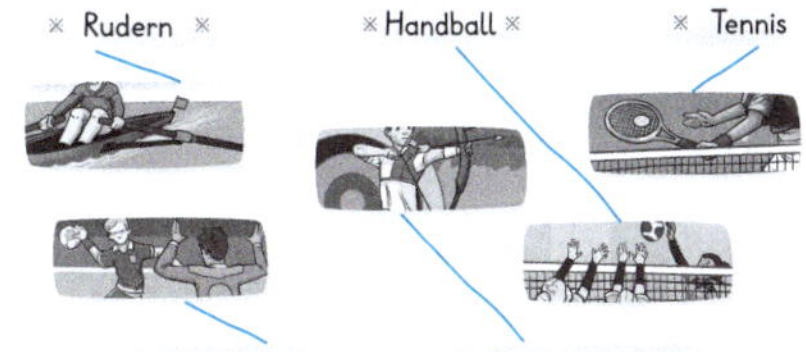

Volleyball · Bogenschießen

4 Was stimmt? Was stimmt nicht? Was steht nicht im Text? Kreuze an.

	stimmt	stimmt nicht	steht nicht im Text
Olympiade ist die Zeit zwischen zwei Olympischen Spielen.	X		
Es gibt weniger als 10 Olympische Sportarten.		X	
Boxen ist eine Olympische Sportart.			X
Es gibt Bronze-, Silber- und Goldmedaillen.	X		
Die Paralympischen Spiele sind für Menschen mit einer körperlichen Behinderung.	X		
Das Oympische Feuer wird mit einem Streichholz angezündet.		X	
Auf der Oympischen Flagge sind sechs Ringe.		X	
Die Oympische Flagge wurde vor 100 Jahren erfunden.			X

Sprachspiel: Lesespur

Spurensuche auf dem Weihnachtsmarkt

1 Wenn du wissen willst, was auf dem Weihnachtsmarkt passiert, lies die Texte der Reihe nach durch. Schreibe die Buchstaben aus dem Bild neben dem passenden Text auf.

1 Elsa und Lulu sind mit den Eltern auf dem Weihnachtsmarkt. Elsas Hund Uno ist auch dabei. Er trägt heute ein kleines Glöckchen an seinem Halsband. Elsa und die anderen schauen sich die vielen Stände und Hütten an. Nach einer Weile bekommen die Kinder und die Erwachsenen Hunger. Sie stellen sich an einem Stand mit Kartoffelpuffern an. Da merken sie, dass Uno verschwunden ist! Lulu meint: „Vielleicht ist er dem Geruch von Bratwürstchen gefolgt!" (W)

2 Am Stand mit den Bratwürstchen suchen Elsa, Lulu und die Eltern leider vergeblich nach Uno. Keine Spur von ihm!
Da entdeckt Elsa einen Weihnachtsmann. Er trägt einen dicken Sack, in dem sie es rascheln hört. Ob Uno das Geräusch auch gehört hat? (A)

Sprachspiel: Lesespur

3 Elsa begrüßt ihn: „Hallo Weihnachtsmann, hast du zufällig meinen Hund Uno gesehen? Er ist klein und hat ein braun-weißes Fell." Der Weihnachtsmann denkt kurz nach und erwidert dann: „Ich glaube, dass ich einen Hund beim Karussell gesehen habe." (F)

4 Beim Karussell erblickt Lulu tatsächlich einen kleinen Hund, der verspielt herumspringt. Allerdings ist es leider nicht Uno, sondern ein anderer Hund. Die Mädchen blicken sich hilflos um. Da ruft Lulus Papa: „Da hinten! Ich glaube, ich sehe Uno bei der Schlittschuhbahn!" (F)

5 Auf der Schlittschuhbahn drehen viele Kinder ihre Runden. Sie lachen und freuen sich. Das sieht wirklich nach Spaß aus, aber Uno ist weit und breit nicht zu entdecken. (E)

6 So langsam verlieren die Mädchen den Mut.
Elsa fragt: „Wo sollen wir noch suchen?"
Da hört Lulu plötzlich ein leises Klingeln beim Weihnachtsbaum.
Das könnte Unos Glöckchen sein." Aber hier ist er auch nicht. (L)

7 Das Klingeln des Glöckchens führt die vier zurück zum Parkplatz. Und tatsächlich, dort sitzt Uno. Elsa kombiniert: „Natürlich! Als Uno uns nicht mehr finden konnte, ist er zum Auto gelaufen, weil er wusste, dass wir irgendwann kommen würden." (N)

2 Trage die Lösungsbuchstaben aus den Kreisen hier ein und du erfährst, was alle zusammen nach dem Schrecken essen.

W A F F E L N

TEAM LUPE ERMITTELT – Lesen 4 FÖRDERN – LÖSUNGEN

Detektivwissen überprüfen

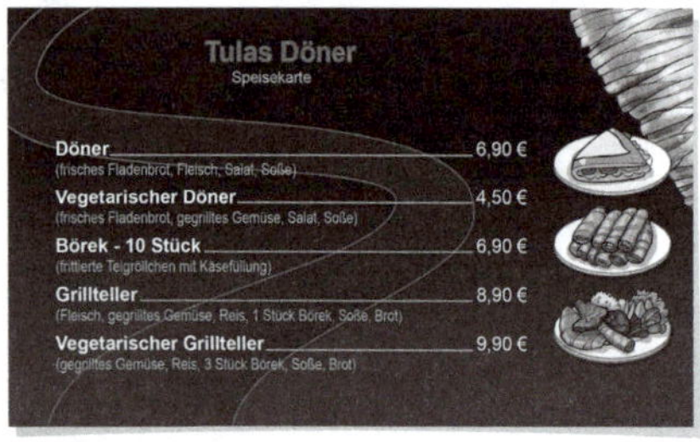

1 Beantworte die Fragen. Kreuze an.

Wie viel kostet der vegetarische Döner?
[X] 4,50 Euro [ ] 5,50 Euro [ ] 4,40 Euro

Was ist ein Börek?
[ ] eine Teigschnecke [ ] ein Fladenbrot [X] ein frittiertes Teigröllchen

Wie viele Gerichte stehen auf der Karte?
[ ] 4 Gerichte [ ] 7 Gerichte [X] 5 Gerichte

Was ist nicht auf dem Grillteller?
[ ] gegrilltes Gemüse [X] Salat [ ] Reis

Welches Gericht ist ohne Fleisch?
[X] Börek [ ] Grillteller [ ] Döner

› die Textsorte Speisekarte kennen
› Fragen zu einem Text beantworten
› den eigenen Lernstand einschätzen

Spurensicherung: Der 2. Hinweis!

Paul erklärt den Trick: „Wenn man den Deckel des Pakets öffnet, fällt Licht auf den Sensor. Dann spielt der Chip die aufgesprochene Nachricht ab." Die Detektive wüssten nur zu gerne, wer ihnen das Paket geschickt hat. Die Stimme klingt nach einem Jungen, aber sie ist zu stark verstellt. Sie kommt ihnen nicht bekannt vor. Doch die Nachricht ist noch nicht zu Ende. Der Junge gibt den Detektiven die Orte durch, an denen sie suchen sollen. Elsa schreibt schnell mit und murmelt dabei: „Skaterbahn, Höhle am Fluss, Bolzplatz und ..."

? Wo soll TEAM LUPE noch suchen? Lies rückwärts und füge die Leerräume zwischen den Wörtern wieder ein.

[X] beim alten Karussell im Park (2a) [ ] bei der alten Kapelle im Park (2b)

Der Esel und der Hund

Ein Bauer, ein Hund und ein Esel lebten schon seit einer langen Zeit zusammen. Der Hund bewachte das Haus, der Esel trug die schweren Waren und der Bauer kümmerte sich um die beiden Tiere. Einmal wanderten die drei über ein Feld. Sie machten eine Pause, weil es so heiß war. Der Bauer wurde müde und legte sich zum Schlafen unter einen Baum. Da fing der Esel an Gras zu fressen. Der Esel dachte: „Ich habe es wirklich gut. Hier gibt es überall schönes saftiges Gras für mich". Der Hund sah dem Esel mit leerem Magen zu. Er sagte zum Esel: „Lieber Freund. Ich habe schrecklichen Hunger. Wenn du dich herunter bückst, könnte ich mein Essen aus dem Korb auf deinem Rücken nehmen." Doch der Esel war faul und hatte keine Lust sich zu bücken. „Warte einfach bis der Bauer aufwacht. Er gibt dir dann dein Futter", erwiderte der Esel. Kaum hatte der Esel ausgesprochen, stürzte ein hungriger Wolf aus dem Wald auf das Feld. Da rief der Esel voller Angst: „Zu Hilfe! Hund, so hilf mir doch". Doch der Hund rettete sich schnell auf einen Baum. Er rief dem Esel zu: „Warte einfach bis der Bauer aufwacht. Er wird dich dann vor dem Wolf beschützen."

nach Jean de La Fontaine

Der Rabe und der Fuchs

Eines Morgens saß ein Rabe mit einem gestohlenen Stück Käse im Schnabel auf einem Baum. Ein Fuchs folgte dem Geruch des Käses. Er überlegte, wie er den Käse von dem Raben bekommen könnte. Dann hatte er eine listige Idee. Der Fuchs lobte den Raben freundlich: „Oh Rabe, du bist so ein

› die Textsorte Fabeln kennen
› sinnentnehmend lesen

wunderbarer Vogel. Wenn dein Gesang genauso schön ist, wie dein Gefieder, dann solltest du der König aller Vögel sein!" Der Rabe war sehr geschmeichelt. Stolz riss er den Schnabel auf und begann zu krächzen. Dabei fiel das köstliche Stück Käse zum Fuchs hinunter. Dieser schnappte sich schnell den Leckerbissen und begann zu fressen. Da rief der Rabe empört: „He, das war sehr gemein!" Doch der Fuchs lachte nur über den dummen Raben.

nach Äsop

1 Was denken Fuchs und Rabe? Verbinde die Sprechblasen richtig.

2 Beantworte die Fragen. Schreibe.

Welche Tiere kommen in den Fabeln vor?

In der Fabel kommen ein Esel, Hund, Rabe und Fuchs vor.

Wovor hat der Esel Angst?

Der Esel hat Angst vor dem Wolf.

Welche Beute trägt der Rabe im Schnabel?

Der Rabe trägt ein Stück Käse im Schnabel.

› Aussagen aus einer Fabel zuordnen
› Fragen zu einer Fabel beantworten

3 Kreise jeweils passend ein.

> Eitel bedeutet auch eingebildet.
> Listig ist jemand mit einem schlauen Plan.

Welche Eigenschaften passen zum Raben?

faul, **(eitel)**, gemütlich, **(eingebildet)**, schlau, gemein, **(dumm)**

Welche Eigenschaften passen zum Fuchs?

(listig), freundlich, **(hinterhältig)**, hilfsbereit, dumm, **(gefräßig)**, **(schlau)**

4 Was kann man aus den Fabeln jeweils lernen? Verbinde.

- Der Hund und der Esel — Wie du mir, so ich dir!
- Der Klügere gibt nach!
- Der Rabe und der Fuchs — Hochmut* kommt vor dem Fall!
- Geteiltes Leid, ist halbes Leid.

*hat eine ähnliche Bedeutung wie: Überheblichkeit, Arroganz, Wichtigtuerei

Schulbus Fahrplan Linie 18

Haltestelle: Grundschule Neustadt, Fahrplan gültig ab 15. August

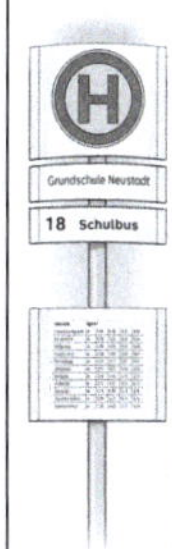

Haltestelle	täglich *				
Grundschule Neustadt	ab	13:00	14:00	15:00	16:00
Wandermühle	ab	13:04	14:04	15:04	16:04
Heiligenweg	ab	13:06	14:06	15:06	16:06
Bahnhof	ab	13:09	14:09	15:09	16:09
Sommerhügel	ab	13:11	14:11	15:11	16:11
Heideweg	ab	13:12	14:12	15:12	16:12
Marktplatz	ab	13:15	14:15	15:15	16:15
Waldstraße	ab	13:17	14:17	15:17	16:17
Landstraße	ab	13:18	14:18	15:18	16:18
Rathaus	ab	13:19	14:19	15:19	16:19
Neustadt Zentrum	an	13:20	14:20	15:20	16:20

* nicht an Sonn- und Feiertagen

1 Beantworte die Fragen. Kreuze an.

Ab wann gilt der Fahrplan?
[ ] ab 15. April [X] ab 15. August [ ] ab 14. August

Welche Buslinie fährt?
[ ] Linie 15 [ ] Linie 19 [X] Linie 18

Wie viele Haltestellen liegen zwischen Bahnhof und Rathaus?
[ ] 3 Haltestellen [X] 5 Haltestellen [ ] 6 Haltestellen

Wie heißt die Endhaltestelle der Linie 18?
[ ] Neustadt Bahnhof [X] Neustadt Zentrum [ ] Zentrum

2 Was stimmt? Was stimmt nicht? Kreuze an.

	stimmt	stimmt nicht
Der Bus hält an der Peterskirche.	[ ]	[X]
Der erste Bus fährt um 13.00 Uhr von der Grundschule Neustadt ab.	[X]	[ ]
Der Bus braucht eine Minute vom Rathaus zum Neustadt Zentrum.	[X]	[ ]
Der Bus fährt insgesamt fünfmal am Tag von der Grundschule Neustadt ab.	[ ]	[X]
Der Bus hält an zehn verschiedenen Haltestellen.	[X]	[ ]

3 Verbinde die passenden Satzteile.

- Auf diesem Busfahrplan erkennt man — wann ein Bus abfährt. (welche Farbe ein Bus hat.)
- Dieser Bus hat — eine Liniennummer. (kaputte Sitze.)
- Der Busfahrplan zeigt — die Fahrzeit zwischen den Haltestellen. (ob der Bus pünktlich ist.)

4 Max fährt mit dem Bus der Linie 18. Lies die Aussage und markiere die richtige Uhrzeit.

14:06 Uhr

14:09 Uhr (markiert)

> Ich soll mich mit meiner Mutter nach der Schule am Marktplatz treffen. Ich habe um 13:50 Uhr Schulschluss. Wann komme ich am Marktplatz an?

5 Lulu sieht vom Bus aus viele Verkehrszeichen.
Welches Verkehrszeichen gehört zu welcher Erklärung?
Trage die richtigen Zahlen ein.

3 Fußgängerweg: Hier kann ich sicher gehen. Mein Fahrrad muss ich schieben, wenn ich hier laufen möchte.

6 Fahrradweg: Auf diesem Weg kann ich sicher mit meinem Fahrrad fahren.

 6

 4

1 Spielstraße: Hier müssen Autos Schritttempo fahren. Ich darf auf der Straße spielen.

 3

5 Stop: Ich muss stehen bleiben und alle vorbei lassen.

2 Haltestelle: Hier halten Busse an.

 1

 5

 2

4 Zebrastreifen: Hier kann ich sicher die Straße überqueren. Autos müssen stehen bleiben.

TEAM LUPE ERMITTELT – Lesen 4 FÖRDERN – LÖSUNGEN

Sprachspiel: Gedicht

Der einsame Eisbär

1 Am Nordpol, tief im Schnee,
wohnt ein Eisbär an 'nem See.
Der See, er war nicht immer dort,
doch nun ist es wärmer an diesem Ort.

2 „Bald ist das Eis hier ganz verschwunden",
denkt der Eisbär schon seit Stunden.
„Wie soll ich Leben ohne Schnee?
Wollen die Menschen, dass ich geh?"

3 Der Eisbär tapst traurig herum,
die Pfoten heiß, die Stimme stumm.
Er läuft noch bis in die Nacht hinein,
ist mit seinen Sorgen ganz allein.

4 Doch viele Menschen sind nicht dumm,
sie denken an die Welt um sie herum.
Sie haben zum Glück schnell festgestellt,
der Nordpol ist auch wichtig für die Welt.

5 Drum schützen sie die Umwelt nun,
indem sie sich zusammentun.
Bald kann der Eisbär wieder lachen,
und immerzu im Schnee erwachen.

Sprachspiel: Gedicht

1 Beantworte die Fragen. Schreibe.

Wo wohnt der Eisbär?

☐ am Südpol ☐ im Polarmeer ☒ am Nordpol

Wie fühlt sich der Eisbär?

☐ fröhlich ☒ traurig ☐ wütend

2 Schreibe die Strophennummer auf.

3 5 4

3 Worum geht es in dem Gedicht? Verbinde.

Es geht um – einen glücklichen Eisbären. / **Umweltschutz und wie wichtig der Nordpol ist.** / einen zugefrorenen See.

Detektivwissen überprüfen

Schulstreik für das Klima

Greta Thunberg kommt aus Schweden. Sie interessiert sich bereits als Grundschülerin für Klimaschutz. In der Schule erfährt sie, dass viele Umstände auf der Erde unsere Umwelt belasten oder sogar zerstören. Greta wollte etwas dagegen tun, denn wir sind auch für diese Zerstörung verantwortlich. Darum ging sie an einem Tag in der Woche nicht in die Schule. Stattdessen stellte sie sich vor das schwedische Parlament und hielt ein Schild hoch auf dem „Skolstrejk för Klimatet" stand. Das bedeutet „Schulstreik für das Klima".
Am Anfang haben vor allem Jugendliche Greta unterstützt und gemeinsam mit ihr demonstriert.
Daraus entstand eine Gruppe, die sich „Fridays for Future" nennt. Die jungen Menschen wollen damit deutlich machen, dass sie an Freitagen nicht in die Schule gehen, um stattdessen auf die Klimakrise und unsere umweltschädliche Lebensweise aufmerksam machen. Mittlerweile unterstützen Millionen von unterschiedlichen Menschen weltweit Gretas Anliegen.

1 Welches Schild gehört Greta? Kreise ein.

SCHULSTREIK FÜR KLIMATET | **(SKOLSTREJK FÖR KLIMATET)** | SKOLSTREJK FÜR KLIMA

2 Was stimmt? Was stimmt nicht? Was steht nicht im Text? Kreuze an.

	stimmt	stimmt nicht	steht nicht im Text
Greta stellte sich vor das schwedische Parlament.	X		
Tausend Menschen unterstützen Gretas Anliegen.		X	

Spurensicherung: Der 3. Hinweis!

Umut greift nach seinem Rucksack.
„Kommt, fangen wir an zu suchen!"
Als die Kinder mit den Hunden das Haus verlassen, lehnt gegenüber am Zaun ein blonder Junge.
Er sieht sie kurz an, geht dann aber weiter.
Lulu, Elsa und Umut steigen auf ihre Räder.
Paul ist mit dem Rolli genauso schnell.
Zuerst fahren die Detektive zur Höhle am Fluss.
Lulu möchte dem verzweifelten Mars-Forscher gerne helfen.
Auch sie findet das Weltall, die Planeten und die Sterne sehr spannend.
Die Kinder sind am Ziel. Elsa leuchtet mit der Taschenlampe in die dunkle Höhle hinein. Uno flitzt los und bellt.
„Er hat was gefunden!", ruft Lulu.

? Zähle die Raketen und Raumschiffe. Wovon gibt es mehr?
Jetzt weißt du, was Uno gefunden hat.

☒ eine Rakete 3a ☐ ein Raumschiff 3b

Ein lang erwartetes Geschenk

Umut kommt ins Zimmer gestürmt. Er hat ein Päckchen in der Hand und ruft: „Es ist endlich da!" Dann setzt er sich zu Elsa, Paul und Lulu und berichtet aufgeregt: „Das Päckchen kommt aus der Türkei. Es ist ein Geschenk von meinem Onkel. Ich habe jeden Tag darauf gewartet und eben ist es endlich angekommen."

Während Umut erzählt, reißt er das Päckchen bereits auf. Die anderen schauen neugierig zu, wie Umut eine große Schachtel aus dem Päckchen nimmt. Umuts Augen huschen über bunte Buchstaben. Dann liest er laut vor: „Detektivkoffer für kleine Profis!" „Cool! Los, mach den Koffer auf!", ruft Elsa begeistert.

Umut hebt den Deckel ab. Im Koffer liegen eine Lupe, ein Absperrband, ein Notizblock, eine Pinzette, ein Stempelkissen, eine Pipette, verschiedene Pinsel, eine Rolle Klebstreifen und mehrere Karten aus Pappe. „Wofür ist das denn?", will Paul wissen und hält das Stempelkissen in die Höhe. Lulu antwortet: „Ich glaube, damit kannst du Fingerabdrücke machen." Umut ergänzt: „Dafür sind auch die Karten aus Pappe. Das sind Stempelkarten." Lulu nickt und erklärt weiter: „Auf unseren Fingern sind ganz feine Linien. Man kann sie mit dem Auge kaum sehen. Wenn du aber einen Finger auf das Stempelkissen und dann hier auf die Karte drückst, dann werden diese Linien sichtbar und du kannst deinen Fingerabdruck sehen."

Die Kinder probieren es gleich aus und betrachten die Ergebnisse. Paul meint: „Wow! Die Linien sind echt gut zu sehen. Nur bei meinem kleinen Finger hatte ich wohl nicht genug Farbe."

Elsa ruft: „Schaut mal, man kann sogar meine Narbe sehen." Umut beugt sich zu Elsa hinüber. Dabei berührt er mit seinem Ärmel die Karte. „Mist, jetzt ist mein Ringfinger verwischt", sagt er ärgerlich. Lulu tröstet ihn: „Nicht schlimm, bei mir ist der Ringfinger auch nicht so gut geworden." Umut schaut die Karten an und meint: „Komm, lass es uns gleich noch einmal probieren." Dann reicht er Lulu eine neue Stempelkarte.

Unterstreiche im Text, was auf dem Detektivkoffer steht.

Benenne die Gegenstände aus dem Detektivkoffer. Schreibe.

 Pinzette  Klebeband

 Notizblock  Stempelkissen

Welche fünf Gegenstände aus dem Detektivkoffer sind in Aufgabe 2 nicht abgebildet? Zähle auf.

Lupe, Absperrband, Pipette, verschiedene Pinsel, mehrere Karten aus Papier

Welchem Kind gehört welche Stempelkarte? Verbinde.

Wie machen die Kinder ihre Fingerabdrücke sichtbar? Kreuze an.

- [ ] Sie betrachten die Fingerabdrücke mit der Lupe und zeichnen sie auf die Karten aus Pappe ab.
- [x] Sie drücken ihre Finger auf ein Stempelkissen und danach auf die Karten aus Pappe.

Radtour am Bodensee

Unser Angebot für Sie!
6-tägige Familien-Radtour am Bodensee

Willkommen am Bodensee!

Fahren Sie gemütlich mit Ihrer Familie am See entlang. Genießen Sie die Landschaft und das glitzernde blaue Wasser des Bodensees.

Besuchen Sie die wunderschönen Städte entlang des Seeufers und bestaunen Sie die vielen beeindruckenden Sehenswürdigkeiten.

Tourenplan:

Tag 1: Fahrt von Überlingen nach Unteruhldingen
Sehenswürdigkeit: die Pfahlbauten
Tag 2: Fahrt von Unteruhldingen nach Meersburg
Sehenswürdigkeit: die Burg
Tag 3: Fahrt von Meersburg mit dem Schiff nach Konstanz
Sehenswürdigkeit: der Hafen
Tag 4: Fahrt von Konstanz nach Altnau (Schweiz), Überfahrt mit dem Schiff nach Friedrichshafen
Sehenswürdigkeit: der Aussichtsturm
Tag 5: Fahrt von Friedrichshafen nach Kressbron, Überfahrt mit dem Schiff zur Insel Lindau
Sehenswürdigkeit: der Leuchtturm
Tag 6: Fahrt mit dem Schiff von Lindau nach Überlingen

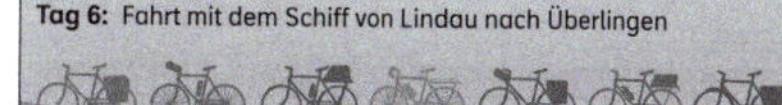

TEAM LUPE ERMITTELT – Lesen 4 FÖRDERN – LÖSUNGEN

haben · wünschen · brauchen

Gebrauchstext: Werbeplakat

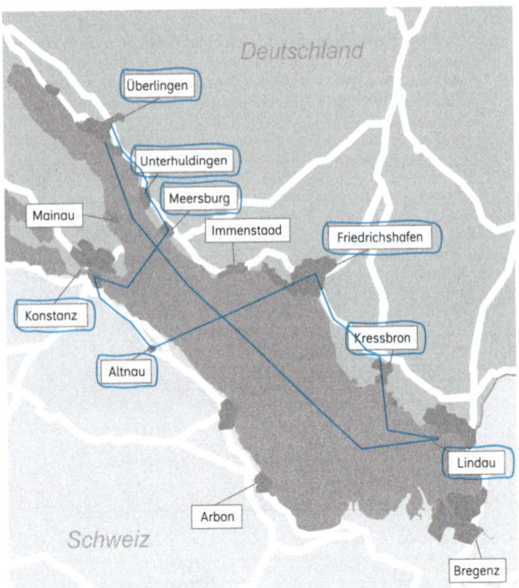

1 Kreise die im Tourenplan genannten Orte auf der Karte ein.

2 Trage die Route der Radtour auf der Karte ein.

haben · wünschen · brauchen

Gebrauchstext: Werbeplakat

3 Welche Sehenswürdigkeiten der Radtour sind abgebildet? Trage die Buchstaben A bis D ein.

Unterhuldingen die Pfahlbauten B — Meersburg die Burg C — Konstanz der Hafen A — Insel Lindau der Leuchtturm D

4 Welche Station der Radtour lieg nicht in Deutschland? Kreuze an.

- [ ] Überlingen
- [x] Altnau
- [ ] Bregenz
- [ ] Kressbron

haben · wünschen · brauchen

Sprachspiel: Teekesselchen

Teekesselchen

Das Teekesselchenspiel ist ein Ratespiel.
Die ratenden Personen müssen herausfinden, welche beiden Rätsel dasselbe Lösungswort haben. Dieses Lösungswort, das zwei Bedeutungen hat, wird Teekesselchen genannt.

Mein 🫖 haben manche Menschen auf dem Kopf. Der Friseur schneidet es vorne an der Stirn zurecht.

Mein 🫖 hängt oft an der Decke und spendet Licht. Fällt es herunter, zersplittert es.

Mein 🫖 hängt am Baum. Es ist meistens grün oder gelb und hat einen Stiel. Man kann es essen.

Mein 🫖 ist ein Vogel, der auf dem Bauernhof leben kann. Er hat bunte Federn und kräht laut.

Mein 🫖 ist aus Metall. Man findet es am Waschbecken. Wenn man es aufdreht, kommt Wasser heraus.

Mein 🫖 Teekesselchen hat vier Hufe und frisst Gras. Es ist kleiner als ein Pferd.

haben · wünschen · brauchen

Sprachspiel: Teekesselchen

1 Immer zwei Aussagen beschreiben dasselbe Teekesselchen. Male die Schilder an den Teebeuteln in der gleichen Farbe an.

2 Notiere die Nummern der Aussagen, die zusammengehören. Schreibe das Lösungswort auf.

3 6 Pony

1 5 Birne

2 4 Hahn

3 Was ist ein Teekesselchen? Kreuze an.

- [ ] Ein Teekesselchen ist ein Satz, der zwei Bedeutungen haben kann.
- [x] Ein Teekesselchen ist ein Wort, das zwei Bedeutungen haben kann.
- [ ] Ein Teekesselchen ist ein Text, der zwei Bedeutungen haben kann.

4 Zeichne passend zu den beiden Bedeutungen, die das Teekesselchen **Schloss** haben kann.

Individuelle Lösung

TEAM LUPE ERMITTELT – Lesen 4 FÖRDERN – LÖSUNGEN

Detektivwissen überprüfen

Der Wunschring

Der Schöne Brunnen ist eine bekannte Sehenswürdigkeit in Nürnberg. Der Brunnen wurde im Jahr 1396 gebaut. Er steht in der Nähe des Rathauses .
Der Schöne Brunnen ist von einem Eisengitter umgeben. Einer Legende nach soll es Glück bringen, an einem Ring im Gitter des Brunnens zu drehen.

Die meisten Touristen stehen deshalb an der Vorderseite des Brunnens an und drehen am goldfarbenen Ring.
Sie wissen oft nicht, dass sich auf der Rückseite des Brunnens ein weiterer Ring befindet. Dieser ist jedoch unauffälliger, da er aus Eisen ist.
Die meisten Einheimischen drehen an diesem Ring.
Sie glauben, dass dies der Ring ist, der wirklich Glück bringt.

Unterstreiche die Antworten im Text mit der passenden Farbe.

- Blau: Wann wurde der Schöne Brunnen gebaut?
- Grün: Wo ist der Schöne Brunnen in der Stadt zu finden?
- Rot: Wer dreht meistens am goldfarbenen Ring?
- Gelb: Wer dreht meistens am Ring aus Eisen?

Warum drehen die Menschen an den Ringen des Brunnens? Kreuze an.

- [ ] Das Drehen am Ring soll Unglück bringen.
- [x] Das Drehen am Ring soll Glück bringen.
- [ ] Das Drehen am Ring soll Reichtum bringen.

Spurensicherung: Der 4. Hinweis!

Uno hat in einer Ecke der Höhle eine Spielzeug-Rakete gefunden.
Sie sieht richtig echt aus. Umut legt die Rakete in seinen Rucksack.
Danach düsen die Lupe-Kinder zur Skaterbahn.
Mit den Hunden suchen sie alle Büsche rundherum ab.
Paul hat Glück und ruft: „Hier ist eine Startrampe!
Die gehört zur Rakete."
Die Lupe-Kinder fahren weiter zum Bolzplatz.
Dort trifft Umut zwei Kinder, die Fußball spielen.
Aber er hat keine Zeit, mitzuspielen.
„Volltreffer!", ruft Umut und zieht eine Mars-Station aus einem hohlen Baum.
Plötzlich sagt Lulu aufgeregt: „Schaut mal da drüben!"
„Wo?", fragt Elsa. Schnell macht sie mit dem Team-Tablet kurz hintereinander zwei Fotos.

Wie viele Unterschiede gibt es zwischen den beiden Fotos?

- [ ] 6 Unterschiede (4a) – 6 w
- [x] 5 Unterschiede (4b) – 5 g

Fantastische Geschichten

Kathi ist 10 Jahre alt. Ihr größter Traum ist es, eine berühmte Schriftstellerin zu werden. Als Schriftstellerin schreibt man eigene Bücher. Kathi schreibt so gerne Geschichten, denn sie hat viel Fantasie. Ihre neueste Geschichte handelt von einem mutigen Mädchen, das viele Abenteuer erlebt. Kathi hat sich ausgedacht, dass die Heldin ihrer Geschichte eine kleine Fee trifft .
Die Fee ist sehr hilfsbereit und freundlich.
Ein Name für die Heldin fehlt Kathi noch. Kathi überlegt: „Er soll richtig cool klingen. Lora... Luna... Luana... Luana! Das ist ein guter Name." Schon schreibt Kathi drauf los. Zeile um Zeile füllt sich das Blatt.
Da klopft es auf einmal an Kathis Zimmertür. „Herein!", ruft Kathi. Es ist Lulu. Lulu fragt neugierig: „Hi, Kathi! Was machst du?" Kathi entgegnet: „Ich schreibe eine Geschichte." Lulu ist begeistert: „Wow, lass mal sehen!" Kathi reicht ihr den Zettel und Lulu liest vor:

Luana ist eine wahre Heldin. Sie beschützt und hilft jedem.
Luana reitet auf ihrem Pferd durch das wundersame Reich.
Sie reitet vorbei an Bergen und Flüssen.
Dann trifft sie auf einen Zwerg. Der kleine Mann ist nur halb so groß wie Luana und heißt Gunnar. Er braucht Luanas Hilfe.
Denn er hat seine Zwergenmütze verloren. „Ich werde deine Mütze finden", meint Luana und ruft ihre kleine Freundin die Fee herbei.
Ihre Freundin kann bei solchen Problemen helfen.
Die Fee nutzt ihre Zauberkraft und plötzlich kann Luana eine magische Glitzerspur auf dem Boden erkennen. Sie folgt der Spur bis zu einem Wald.
Dort entdeckt sie einen Elf hinter einem Baum. Er hält die Zwergenmütze

in der Hand und kichert. „Hihi, und? Hat der alte Gunnar sich schön erschreckt, weil seine Mütze verschwunden ist?", fragt der Elf schadenfroh. Luana antwortet: „Du findest das lustig, aber Gunnar möchte seine Mütze unbedingt wieder haben." Der Elf schaut nun etwas nachdenklich und gibt Luana die Mütze.
Luana bringt sie ihrem Besitzer zurück und alle sind glücklich.

Lulu schaut Kathi erstaunt an: „Du bist wirklich eine tolle Schriftstellerin Kathi. Deine Geschichte ist echt Klasse."
Kathi freut sich und kann es kaum erwarten, sich die nächste Geschichte auszudenken.

1 Setze die folgenden Wörter in die Lücken im Text ein.

reitet · Luana · Hand · Pferd · Freundin

2 Welche Wesen kommen in Kathis Geschichte vor? Kreise ein.

TEAM LUPE ERMITTELT – Lesen 4 FÖRDERN – LÖSUNGEN

3 Welche Gedanken passen zu Kathi? Male an.

4 Streiche das falsche Wort in jedem Satz durch.

Eine Schriftstellerin ~~liest~~ / schreibt Romane.
Kathis Geschichten handeln von einem mutigen / ~~ängstlichen~~ Mädchen.
Die Heldin aus Kathis Geschichte heißt ~~Luna~~ / Luana.
Lulu / ~~Umut~~ ist neugierig auf Kathis Geschichte.

5 Bringe die Bilder in die richtige Reihenfolge.
Trage die Zahlen von 1 bis 4 ein.

› Aussagen zum Text überprüfen
› inhaltlich richtige Sätze bilden
› Textinhalte in die richtige Reihenfolge bringen

Kino früher und heute

Ins Kino gehen bedeutet Spaß, Aufregung und vielleicht auch Entspannung. Man sitzt in großen, bequemen Sesseln und kann Popcorn essen. Auf der riesigen Leinwand läuft ein toller Film in bester Farbqualität und Tonqualität. Aber das war nicht immer so.

Die ersten Filmvorführungen gab es 1895. Allerdings wurden die Filme damals auf Jahrmärkten in Zelten vorgeführt. Manchmal gab es Bänke, auf die die Menschen sich setzen konnten. Wenn man Pech hatte, musste man sich den Film im Stehen anschauen. Allerdings dauerten die Filme nur wenige Minuten. Sie waren in schwarz-weißer Farbe und ohne Ton. Es wurden alltägliche Situationen oder gespielte Witze gezeigt.

Bald darauf wurden die Filme länger, beliebter und es wurden extra Kinogebäude dafür gebaut. Kinos sahen so prächtig wie Paläste aus. Deshalb wurden Kinos auch „Filmpaläste" genannt. Zu dieser Zeit war es etwas sehr Besonderes, ins Kino zu gehen. Die Menschen zogen ihre beste Kleidung für den Kinobesuch an. Ein Orchester spielte in einem Graben vor der Leinwand und erzeugte so die Musik des Films. Im Jahr 1900 wurde der erste Farbfilm produziert. Im Jahr 1926 wurde der erste Tonfilm produziert. Sehr lange war das Kino äußerst beliebt. Allerdings hatten ab den 1970er Jahren die meisten Leute einen Fernseher zuhause und fast niemand ging noch ins Kino. Viele Kinos mussten schließen.

› sinnentnehmend lesen

Erst seit den 1990er Jahren gingen die Menschen wieder häufiger ins Kino. Dies lag daran, dass die Tonqualität und Bildqualität von Kinofilmen nun bedeutend besser war, als auf einem Fernseher. Man konnte das Gefühl haben, mitten im Film zu sein. So schaffte es das Kino, wieder etwas Besonderes zu werden.

1 Unterstreiche die Antworten im Text mit der passenden Farbe.

Rot: Wann gab es die erste Filmvorführung?
Blau: Wie nannte man Kinos früher noch?
Grün: Wann wurde der erste Tonfilm produziert?
Gelb: Ab wann hatten die meisten Leute einen Fernseher?

2 Bringe die Bilder in die richtige Reihenfolge. Trage die Zahlen 1-4 ein.

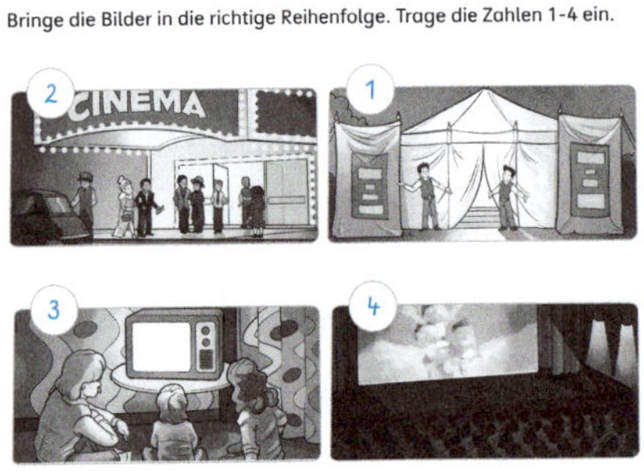

› sinnentnehmend lesen
› Antworten im Text finden und markieren
› Textinhalt und Bilder aufeinander beziehen

3 Ordne die Aussagen der passenden Jahreszahl zu. Verbinde.

- 1895 – Wir sehen die ersten bewegten Bilder in einem Film.
- 1926 – Wir sehen den ersten Film mit Ton.
- 1970 – Wir sehen alles auf dem Fernseher.
- 1900 – Wir sehen den ersten Film in Farbe.
- 1990 – Wir sehen Kinofilme in bester Bildqualität und Tonqualität.

4 Beantworte die Fragen. Schreibe.

Was kann man im Kino essen?
Man kann im Kino Popcorn essen.

Was wurde bei den ersten Filmvorführungen gezeigt?
Es wurden alltägliche Situationen oder gespielte Witze gezeigt.

Wer spielte früher die Musik zu einem Film?
Die Musik spielte früher ein Orchester.

› Aussagen zum Text zuordnen
› Fragen zum Text beantworten

Das Internet-Quiz

1 Auf jeder Karte ist eine Antwort richtig. Kreuze an.

1 Wenn du im Internet unterwegs bist, nennt man das:
- a surfen (I) ☒
- b schlafen (A) ☐
- c sprechen (E) ☐

2 Was ist eine App? (ausgesprochen: Äpp)
- a App ist die Abkürzung für Apfel. (M) ☐
- b App bedeutet Anwendung oder Programm. (N) ☒
- c App ist ein anderes Wort für Strom. (L) ☐

3 Darfst du Musik aus dem Internet herunterladen?
- a Ja, aber nur mit Erlaubnis von der Seite. (T) ☒
- b Ja, aber nur Musik von berühmten Personen. (K) ☐
- c Nein, das ist niemals erlaubt. (S) ☐

4 Wem darfst du im Internet deine Adresse verraten?
- a Jemandem, der genauso alt ist wie ich. (O) ☐
- b Niemandem (E) ☒
- c Einem Erwachsenen (A) ☐

5 Wie kannst du Informationen im Internet finden?
- a Das geht nur mit bestimmten Computern. (P) ☐
- b Ich kann beim Internet anrufen. (H) ☐
- c Ich kann eine Kinder-Suchmaschine benutzen. (R) ☒

6 Wenn du eine Verbindung mit dem Internet hast, bist du:
- a verbunden (N) ☒
- b verwirrt (G) ☐
- c verschwunden (F) ☐

7 Einen Touchscreen bedienst du mit:
- a der Zunge (U) ☐
- b dem Finger (E) ☒
- c den Füßen (I) ☐

8 Was gehört nicht ins Internet?
- a Ein selbst geschriebener Text. (R) ☐
- b Ein Rezept von meinem Lieblingsessen. (L) ☐
- c Ein peinliches Foto von mir. (T) ☒

2 Trage die Buchstaben ein und lies das Lösungswort.

1	2	3	4	5	6	7	8
I	N	T	E	R	N	E	T

Detektivwissen überprüfen

Checkliste für die Nutzung des Computers
- Ich esse und trinke nicht, wenn ich am Computer arbeite.
- Ich drucke nur etwas aus, wenn ich es wirklich brauche.
- Ich setze mit meinen Eltern eine Zeit fest, wie lange ich höchstens am Computer bleiben darf.
- Ich frage meine Eltern, bevor ich das Internet benutze.
- Im Internet besuche ich nur Seiten, die meine Eltern erlaubt haben.
- Ich gebe keine persönlichen Daten, wie zum Beispiel meine Adresse, ein.
- Bevor ich gehe, schließe ich alle Programme und schalte den Computer aus.

1 Beantworte die Fragen. Kreuze an.

Wie viele Regeln stehen auf der Checkliste?
☐ 5 ☒ 7 ☐ 8

Wen sollst du fragen, bevor du das Internet nutzt?
☐ meine Freunde ☒ meine Eltern ☐ meine Geschwister

Welche Seiten darfst du im Internet besuchen?
☒ von Eltern erlaubte ☐ alle Seiten ☐ Seiten, die mir gefallen

2 Welche Regel der Checkliste ist abgebildet? Schreibe die Nummer auf.

1

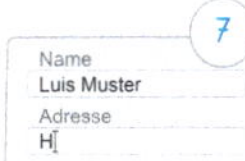

7

3

Spurensicherung: Der 5. Hinweis!

Elsas Fotos zeigen den Bolzplatz. Fünf Dinge haben sich auf dem zweiten Foto verändert. Den Detektiven fällt besonders der blonde Junge auf.
Umut ruft: „Der war doch vorhin beim Gartenhäuschen! Verfolgt der uns?"
Lulu flüstert: „Auf seinem Pulli ist ein roter Planet! Das ist der Mars."
Paul winkt dem Jungen zu: „Hallo! Hast du uns das sprechende Paket geschickt?" Der Junge zuckt nervös zusammen.
Dann schnappt er sich sein Rad und flitzt los.
Sofort düsen die Kinder mit den Hunden hinterher.
Ein paar Straßen weiter verschwindet der Junge in einem gelben Haus.
Elsa klingelt, doch es macht niemand auf.

? Der blonde Junge wohnt in einer Straße, die nach Tieren benannt ist. Welche Tiere sind es?

Z		A	G	E	H
E	G	M	A	L	U
B	I	E	N	E	N
R	R	I	S	F	D
A	A	S		A	
	F	E		N	
	F			T	
	E				

☐ Bären 5a

☒ Bienen 5b

TEAM LUPE ERMITTELT – Lesen 4 FÖRDERN – LÖSUNGEN

Maras Robotertraum

Mara liest auf dem Bett in einer Zeitschrift für Kinder. Vorne auf der Zeitschrift ist der Schriftzug *WifüKi* zu erkennen. Das ist die Abkürzung für Wissen für Kinder. Jeden Monat kauft Mara die Zeitschrift am Kiosk. Das Mädchen ist jedes Mal gespannt, um was für ein Thema es gehen wird.

Im *WifüKi* werden immer interessante Sachen aus den Bereichen Natur und Technik erklärt. Mara hat zum Beispiel schon erfahren, welche die stärksten Tiere der Welt sind. Sie weiß nun auch, warum Schnecken über eine Messerklinge kriechen können. Und wie ein Astronaut im Weltall überleben kann, hat Mara auch schon gelernt. Dieses Mal wird in der Zeitschrift das Thema „Roboter" behandelt. Mara staunt besonders über die Geschichte eines Mädchens, das zusammen mit seiner Mama einen eigenen Roboter gebaut hat.

Nachdenklich schaut Mara zu ihrem Schreibtisch hinüber. Dort hat sie vorhin Hausaufgaben gemacht und ganz viel radieren müssen. Überall liegen noch viele kleine Radiergummiraspeln herum. Mara denkt nach: „Wie praktisch wäre es, wenn ich einen ganz kleinen Roboter bauen könnte, der auf dem Schreibtisch herumfahren und die Radiergummiraspeln einsammeln würde."

Sie grinst und überlegt dann weiter: „Wie könnte mein Roboter aussehen?" Mara schließt die Augen und stellt sich einen kleinen Roboter

mit roten und blauen Lichtern vor. Der Roboter fährt auf drei kleinen Rädern über den Tisch und saugt mit einem winzigen Schlauch die Raspel ein. Bei dem Gedanken muss Mara grinsen. „Wenn ich groß bin, muss ich so einen Roboter unbedingt erfinden!", nimmt sie sich fest vor.

1 Unterstreiche die Antworten im Text mit der passenden Farbe.

Rot: Worin liest Mara auf dem Bett?
Blau: Wofür steht die Abkürzung *WifüKi*?
Grün: Wo kauft Mara die Zeitschrift?

2 Beantworte die Fragen. Schreibe.

Zu welchen Bereichen werden in der Zeitschrift interessante Sachen erklärt?

Es wird zu den Bereichen Natur und Technik erklärt.

Welches Thema wird dieses Mal in der Zeitschrift behandelt?

Es wid das Thema Roboter behandelt.

3 Zu welchen Themen hat Mara außerdem schon etwas erfahren?

- [x] Überleben im Weltall
- [x] Die stärksten Tiere der Welt
- [x] Schnecken
- [ ] Singvögel
- [ ] Die größten Tiere der Welt

4 Über welche Geschichte staunt Mara besonders? Schreibe.

Mara staunt über die Geschichte eines Mädchens, das zusammen mit seiner Mama einen eigenen Roboter gebaut hat.

5 Woher kommen die Radiergummiraspeln auf Maras Tisch? Kreuze an.

- [ ] Sie hat ein Bild gemalt und dabei viel radiert.
- [x] Sie hat Hausaufgaben gemacht und dabei viel radiert.
- [ ] Sie hat einen Brief geschrieben und dabei viel radiert.

6 Welcher Roboter passt zu Maras Vorstellung? Kreuze an.

☐ ☒ ☐

7 Welche Aufgabe würde Maras Roboter übernehmen? Schreibe.

Maras Roboter würde auf dem Schreibtisch herumfahren und die Radiergummiraspeln einsammeln.

Der einsamste Wal der Welt

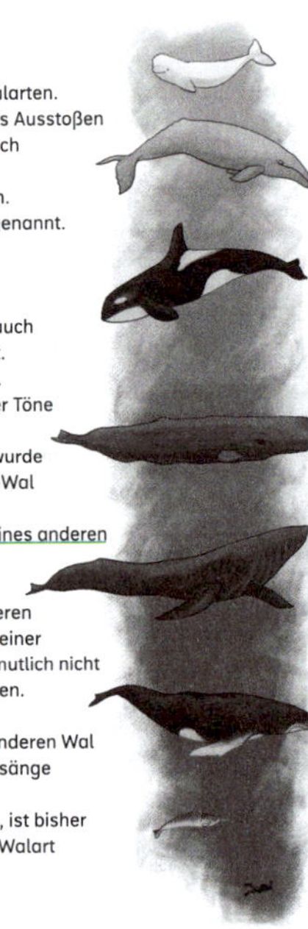

Es gibt ungefähr 80 verschiedene Walarten. Viele davon unterhalten sich über das Ausstoßen von Tönen. Diese Töne werden oft auch Walgesang genannt. Die Töne haben bestimmte Tonhöhen. Diese Tonhöhe wird auch Frequenz genannt. Man misst sie in der Einheit Hertz. Abgekürzt wird Hertz mit Hz.

Der sogenannte 52-Hertz-Wal wird auch der einsamste Wal der Welt genannt. Er besitzt einen besonderen Gesang. Wie der Name es schon sagt, stößt er Töne mit der Frequenz von 52Hz aus. Mithilfe von Mikrofonen im Wasser wurde herausgefunden, dass der 52-Hertz-Wal viel und laut singt. Aber noch nie konnte eine Antwort eines anderen Wales aufgezeichnet werden. Deshalb geht man davon aus, dass sich der 52-Hertz-Wal nicht mit anderen Walen unterhalten kann, weil er auf einer Tonhöhe singt, die andere Wale vermutlich nicht hören oder nicht gut verstehen können.

Bisher hat kein Mensch diesen besonderen Wal zu Gesicht bekommen. Nur seine Gesänge werden seit 1989 aufgezeichnet. Da niemand das Tier je gesehen hat, ist bisher auch noch nicht geklärt, zu welcher Walart der 52-Hertz-Wal gehört.

TEAM LUPE ERMITTELT – Lesen 4 FÖRDERN – LÖSUNGEN

Sachtext

Es gibt zum einen die Überlegung, dass es sich beim 52-Hertz-Wal um eine Mischung aus zwei verschiedenen Walarten handeln könnte.
Zum anderen gibt es die Überlegung, dass das Tier zu einer bereits bekannten Walart gehört und sich nur aufgrund eines Sprachfehlers nicht mit seinen Verwandten unterhalten kann.
Ob eine dieser Vermutungen richtig ist, muss von der Wissenschaft noch herausgefunden werden.

1 Was stimmt? Was stimmt nicht? Kreuze an.

	👍	👎
Es gibt ungefähr 90 Walarten.	[ ]	[X]
Viele Wale verständigen sich über das Ausstoßen von Tönen.	[X]	[ ]
Die Töne, die Wale ausstoßen, nennt man auch Walgesang.	[X]	[ ]
Die Tonlänge wird auch Frequenz genannt.	[ ]	[X]
Die Frequenz misst man in der Einheit Hertz.	[X]	[ ]

Sachtext

2 Unterstreiche die Antworten im Text mit der passenden Farbe.

Blau:	Wie wird der 52-Hertz-Wal auch noch genannt?
Rot:	Mithilfe welcher Geräte wurde der Gesang des 52-Hertz-Wals aufgenommen?
Gelb:	Wie singt der 52-Hertz-Wal?
Grün:	Was konnte noch nie aufgezeichnet werden?
Braun:	Seit welchem Jahr werden die Gesänge des Wals aufgezeichnet?

3 Warum konnte der 52-Hertz-Wal bisher noch keiner Walart zugeordnet werden? Kreuze an.

- [ ] Der Wal singt zu leise.
- [X] Der Wal wurde bisher noch nie gesichtet.
- [ ] Der Wal sieht keiner bekannten Walart ähnlich.

4 Welche zwei Vermutungen zur Herkunft des 52-Hertz-Wales gibt es? Male die richtigen Sprechblasen an.

Der Wal gehört zu einer bisher unentdeckten Walart.

Der Wal gehört zu einer bekannten Walart und hat einen Hörfehler.

Sprachspiel: Gedicht

Tierische Träume

Puschelschwanz und rotes Fell,
über Äste flitzen, flink und schnell,
rauf und runter jeden Baum,
ein Berg von Nüssen ist sein Traum.

Runde Ohren, die Augen klein,
streift durch die Wälder meist allein,
pflegt sein Fell, dicht und braun,
ein Topf voll Honig ist sein Traum.

Gute Nase, schnelle Beine,
geht gern Gassi an der Leine,
schnüffelt an jedem Busch und Zaun,
ein dicker Knochen ist sein Traum.

Lange Ohren, große Füße,
sitzt auf dem Acker im Gemüse,
läuft er weg, hört man ihn kaum,
eine dicke Karotte ist sein Traum.

Spitzer Schnabel, einen Ring am Bein,
legt in das Nest seine Eier hinein,
putzt seine Federn und den weichen Flaum,
eine Schale voller Körner ist sein Traum.

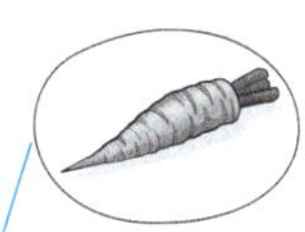

1 Verbinde die Träume mit den passenden Strophen.

Sprachspiel: Gedicht

2 Welche Tiere werden in den Strophen beschrieben? Trage ein.

1. Eichhörnchen
2. Bär
3. Hund
4. Hase
5. Huhn

3 Setze die passenden Reimwörter in die Strophe ein.

Tatzen | Spatzen | Miaun | Traum

Schnurrbarthaare, weiche Tatzen,
jagt gern Mäuse oder Spatzen,
hier und da ein leises Miauen,
ein Napf voll Milch ist ihr Traum.

4 Welches Tier wird in Aufgabe 3 beschrieben? Schreibe.

Es wird eine Katze beschrieben.

Detektivwissen überprüfen

Erinnerungen

Lulu, Elsa, Paul und Umut sitzen in Elsas Garten. Sie schauen sich gemeinsam die Bilder ihrer Einschulung an. Lulu meint kichernd: „Schau mal, wie klein wir damals noch alle waren." Sie zeigt Elsa ein Foto von der Einschulungsfeier. Elsa grinst und erinnert sich: „Ich war an dem Tag so gespannt, was in meiner Schultüte drin sein würde. Ich hatte eine blaue Tüte mit grünen Streifen. Mama hatte sie im Kindergarten gebastelt." Lulu erinnert sich auch: „Meine Tüte war unten auch blau, oben aber lila. Wir haben sie im Laden gekauft." Paul spricht weiter: „Meine dunkelgrüne Schultüte sah toll aus. Darauf waren rote Sterne. Mein Papa hatte sie gebastelt." Umut kratzt sich am Kopf: „Ich glaube, ich hatte eine gelbe Schultüte mit bunten Punkten. Eigentlich war es die Schultüte meines großen Bruders. Aber ich wollte sie damals unbedingt haben und da hat er sie mir geliehen."

1 Welche Schultüte gehört zu welchem Kind? Verbinde und male an.

› einem Text Informationen entnehmen
› den eigenen Lernstand einschätzen

Spurensicherung: Der 6. Hinweis!

Elsa schreibt in ihren Block: *Bienenstraße 17???*
Hier stimmt doch was nicht!
Weil der Junge nicht aufmacht, fahren die Detektive weiter zum Park. Im löchrigen Mast des alten Karussells findet Lulu einen Mars-Rover. Strahlend ruft sie: „Jetzt ist das Set komplett!"
TEAM LUPE fährt zum Bachsteinweg 44, um das Set abzugeben. Dort öffnet ein netter Junge.
„Uii! Mein Forscherset", freut er sich. „Wo habt ihr das denn her?"
Paul berichtet, wie sie zu dem Forscherset kamen und erzählt, dass sie dem blonden Jungen in die Bienenstraße gefolgt sind. Esad runzelt die Stirn. „Bienenstraße? Hm ... Da wohnt Mika! Wartet mal. Ihr sagt, das Paket hatte einen Chip? Mika ist in unserer Technik-AG und kennt sich mit so was aus. Ich bin übrigens Esad."

? TEAM LUPE fährt mit Esad zur Bienenstraße. Welcher ist der kürzere Weg? Er führt nicht am Kiosk vorbei.

☐ Weg 1 (6a) – 1 t

☒ Weg 2 (6b) – 2 n

Die Fallakte: Das sprechende Paket

In die weißen Felder kommen deine Hinweis-Sticker.

Hinweis 1 – 1

Hinweis 2 – 2

Hinweis 3 – 3

Hinweis 4 – 4

Hinweis 5 – 5

Hinweis 6 – 6

Jetzt fehlt dir nur noch ein PASSWORT. Trage aus jedem Sticker den Buchstaben in das passende Kästchen ein.

1	2	3	4	5	6

Glückwunsch!
Gemeinsam mit TEAM LUPE hast du den Fall gelöst.
Das Wort ist dein PASSWORT für:
www.passwort-lupe.de

Brauchst du dabei Hilfe? Frage einen Erwachsenen.

ACHTUNG: DAS ENDE DES FALLS ACHTUNG: DAS ENDE DES FALLS

Diesmal macht der blonde Junge auf.
Esad sagt: „Hallo Mika!" Und Lulu fragt direkt: „Hast du das Set geklaut?" Mika wird rot. „Ja. Entschuldige, Esad! Ich fand dein Set so toll und habe es mitgenommen, als es bei euch im Garten lag. Meine Eltern wollen mir so ein Set nicht kaufen."
„Ich glaub's nicht!", ruft Esad wütend.
Schnell sagt Mika: „Ich wollte dir das Set zurückbringen, aber ich habe mich so geschämt. Da habe ich die Teile versteckt und TEAM LUPE beauftragt, sie zu finden und dir zu bringen."
Esad seufzt. „Du hättest mich nur fragen müssen. Ich hätte es dir gerne ausgeliehen."
Lulu hat eine tolle Idee als Entschuldigung für Mika.
Mika soll Esad zeigen, wie man ein sprechendes Paket bastelt.

FALL GELÖST!

Mein Stickerbogen

TEAM LUPE ERMITTELT

Illustrationen: Michael Stapper

Bearbeite so alle 6 Kapitel im Heft.
Am Ende hast du dann 6 Hinweis-Sticker in der Fallakte gesammelt.

3 Die Fallakte

Auf dieser Seite sammelst du die 6 richtigen Hinweis-Sticker.

Auf jedem Sticker findest du einen Buchstaben. Die Buchstaben ergeben das Passwort. Trage jeden Buchstaben in das passende Kästchen ein.

Hinweis 1 = Buchstabe 1 → 1

Außerdem kannst du in der Fallakte das Ende des Falls lesen.

FALL GELÖST!

Brauchst du dabei Hilfe? Frage einen Erwachsenen.

4

Gehe im Internet auf diese Seite:

www.team-lupe-ermittelt.de/paket

Gib nun das Passwort ein.

Hast du das richtige Passwort eingegeben? Dann wartet eine kleine Überraschung auf dich.

Illustrationen: Michael Stapper

Erzähltext

Elsa ruft: „Schaut mal, man kann sogar meine Narbe sehen.“

Umut beugt sich zu Elsa hinüber. Dabei berührt er mit seinem Ärmel die Karte.

„Mist, jetzt ist mein Ringfingerabdruck verwischt “, sagt er ärgerlich.

Lulu tröstet ihn: „Nicht schlimm, bei mir ist der Ringfinger auch nicht so gut geworden.“

Umut schaut die Karten an und meint: „Komm, lass es uns gleich noch einmal probieren.“ Dann reicht er Lulu eine neue Stempelkarte.

1 Unterstreiche im Text, was auf dem Detektivkoffer steht.

2 Benenne die Gegenstände aus dem Detektivkoffer. Schreibe.

 ____________________  ____________________

 ____________________  ____________________

Erzähltext

3 Welche fünf Gegenstände aus dem Detektivkoffer sind in Aufgabe 2 nicht abgebildet? Zähle auf.

____

____

____

4 Welchem Kind gehört welche Stempelkarte? Verbinde.

5 Wie machen die Kinder ihre Fingerabdrücke sichtbar? Kreuze an.

- ☐ Sie betrachten die Fingerabdrücke mit der Lupe und zeichnen sie auf die Karten aus Pappe ab.
- ☐ Sie drücken ihre Finger auf ein Stempelkissen und danach auf die Karten aus Pappe.

- › einem Text Informationen entnehmen
- › Textinhalt und Bilder aufeinander beziehen
- › Fragen zum Text beantworten

Radtour am Bodensee

Unser Angebot für Sie!
6-tägige Familien-Radtour am Bodensee

Willkommen am Bodensee!

Fahren Sie gemütlich mit Ihrer Familie am See entlang. Genießen Sie die Landschaft und das glitzernde blaue Wasser des Bodensees.

Besuchen Sie die wunderschönen Städte entlang des Seeufers und bestaunen Sie die vielen beeindruckenden Sehenswürdigkeiten.

Tourenplan:

Tag 1: Fahrt von **Überlingen** nach **Unteruhldingen**
Sehenswürdigkeit: die Pfahlbauten

Tag 2: Fahrt von **Unteruhldingen** nach **Meersburg**
Sehenswürdigkeit: die Burg

Tag 3: Fahrt von **Meersburg** mit dem Schiff nach **Konstanz**
Sehenswürdigkeit: der Hafen

Tag 4: Fahrt von **Konstanz** nach **Altnau** (Schweiz),
Überfahrt mit dem Schiff nach **Friedrichshafen**
Sehenswürdigkeit: der Aussichtsturm

Tag 5: Fahrt von **Friedrichshafen** nach **Kressbron**,
Überfahrt mit dem Schiff zur **Insel Lindau**
Sehenswürdigkeit: der Leuchtturm

Tag 6: Fahrt mit dem Schiff von **Lindau** nach **Überlingen**

Gebrauchstext: Werbeplakat

1 Kreise die im Tourenplan genannten Orte auf der Karte ein.

2 Trage die Route der Radtour auf der Karte ein.

› Textinhalt und Bild aufeinander beziehen
› Handlungsanweisung nachvollziehen

3 Welche Sehenswürdigkeiten der Radtour sind abgebildet? Trage die Buchstaben A bis D ein.

Unteruhldingen, die Pfahlbauten **B**

Meersburg, die Burg **C**

Konstanz, der Hafen **A**

Insel Lindau, der Leuchtturm **D**

4 Welche Station der Radtour liegt nicht in Deutschland? Kreuze an.

- [ ] Überlingen
- [ ] Altnau
- [ ] Bregenz
- [ ] Kressbron

Teekesselchen

Das Teekesselchenspiel ist ein Ratespiel.
Die ratenden Personen müssen herausfinden, welche beiden Rätsel dasselbe Lösungswort haben. Dieses Lösungswort, das zwei Bedeutungen hat, wird Teekesselchen genannt.

Mein
haben manche Menschen
auf dem Kopf. Der Friseur
schneidet es vorne
an der Stirn zurecht.

Mein
hängt oft an der Decke
und spendet Licht.
Fällt es herunter,
zersplittert es.

Mein
hängt am Baum. Es ist
meistens grün oder gelb
und hat einen Stiel.
Man kann es essen.

Mein
ist ein Vogel, der auf dem
Bauernhof leben kann.
Er hat bunte Federn
und kräht laut.

Mein
ist aus Metall.
Man findet es
am Waschbecken.
Wenn man es
aufdreht, kommt
Wasser heraus.

Mein
Teekesselchen hat vier Hufe
und frisst Gras.
Es ist kleiner als ein Pferd.

› sinnentnehmend lesen

Sprachspiel: Teekesselchen

1 Immer zwei Aussagen beschreiben dasselbe Teekesselchen.
Male die Schilder an den Teebeuteln in der gleichen Farbe an.

2 Notiere die Nummern der Aussagen, die zusammengehören.
Schreibe das Lösungswort auf.

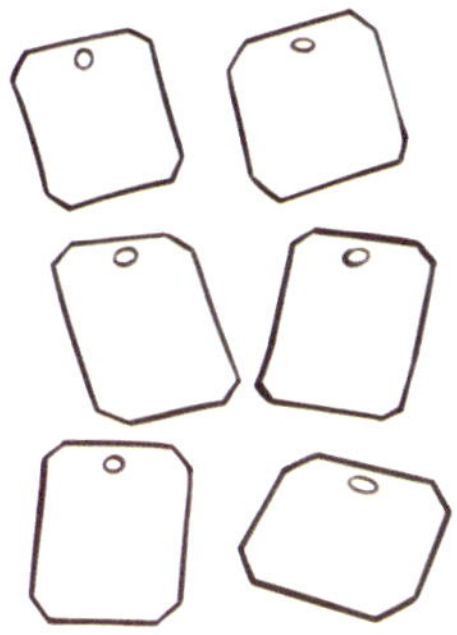

____

____

____

3 Was ist ein Teekesselchen? Kreuze an.

- ☐ Ein Teekesselchen ist ein Satz, der zwei Bedeutungen haben kann.
- ☐ Ein Teekesselchen ist ein Wort, das zwei Bedeutungen haben kann.
- ☐ Ein Teekesselchen ist ein Text, der zwei Bedeutungen haben kann.

4 Zeichne passend zu den beiden Bedeutungen, die das Teekesselchen **Schloss** haben kann.

› einem Text Informationen entnehmen
› die Kernaussage eines Textes verstehen
› Bilder zu einem Teekesselchen gestalten

Detektivwissen überprüfen

Der Wunschring

Der Schöne Brunnen ist eine bekannte Sehenswürdigkeit in Nürnberg. Der Brunnen wurde im Jahr 1396 gebaut. Er steht in der Nähe des Rathauses. Der Schöne Brunnen ist von einem Eisengitter umgeben. Einer Legende nach soll es Glück bringen, an einem Ring im Gitter des Brunnens zu drehen. Die meisten Touristen stehen deshalb an der Vorderseite des Brunnens an und drehen am goldfarbenen Ring. Sie wissen oft nicht, dass sich auf der Rückseite des Brunnens ein weiterer Ring befindet. Dieser ist jedoch unauffälliger, da er aus Eisen ist. Die meisten Einheimischen drehen an diesem Ring. Sie glauben, dass dies der Ring ist, der wirklich Glück bringt.

1 Unterstreiche die Antworten im Text mit der passenden Farbe.

Blau: Wann wurde der Schöne Brunnen gebaut?
Grün: Wo ist der Schöne Brunnen in der Stadt zu finden?
Rot: Wer dreht meistens am goldfarbenen Ring?
Gelb: Wer dreht meistens am Ring aus Eisen?

2 Warum drehen die Menschen an den Ringen des Brunnens? Kreuze an.

- ☐ Das Drehen am Ring soll Unglück bringen.
- ☐ Das Drehen am Ring soll Glück bringen.
- ☐ Das Drehen am Ring soll Reichtum bringen.

› Antworten im Text finden und markieren
› Fragen zum Text beantworten
› den eigenen Lernstand einschätzen

Spurensicherung: Der 4. Hinweis!

Uno hat in einer Ecke der Höhle eine Spielzeug-Rakete gefunden.
Sie sieht richtig echt aus. Umut legt die Rakete in seinen Rucksack.
Danach düsen die Lupe-Kinder zur Skaterbahn.
Mit den Hunden suchen sie alle Büsche rundherum ab.
Paul hat Glück und ruft: „Hier ist eine Startrampe!
Die gehört zur Rakete."
Die Lupe-Kinder fahren weiter zum Bolzplatz.
Dort trifft Umut zwei Kinder, die Fußball spielen.
Aber er hat keine Zeit, mitzuspielen.
„Volltreffer!", ruft Umut und zieht eine Mars-Station
aus einem hohlen Baum.
Plötzlich sagt Lulu aufgeregt: „Schaut mal da drüben!"
„Wo?", fragt Elsa. Schnell macht sie mit dem Team-Tablet
kurz hintereinander zwei Fotos.

? Wie viele Unterschiede gibt es zwischen den beiden Fotos?

☐ 6 Unterschiede

4a

6 w

☐ 5 Unterschiede

4b

5 g

Fantastische Geschichten

Kathi ist 10 Jahre alt. Ihr größter Traum ist es, eine berühmte Schriftstellerin zu werden. Als Schriftstellerin schreibt man eigene Bücher. Kathi schreibt so gerne Geschichten, denn sie hat viel Fantasie. Ihre neueste Geschichte handelt von einem mutigen Mädchen, das viele Abenteuer erlebt. Kathi hat sich ausgedacht, dass die Heldin ihrer Geschichte eine kleine Fee trifft. Die Fee ist sehr hilfsbereit und freundlich. Ein Name für die Heldin fehlt Kathi noch. Kathi überlegt: „Er soll richtig cool klingen. Lora... Luna... Luana... Luana! Das ist ein guter Name.“ Schon schreibt Kathi drauf los. Zeile um Zeile füllt sich das Blatt. Da klopft es auf einmal an Kathis Zimmertür. „Herein!“, ruft Kathi. Es ist Lulu. Lulu fragt neugierig: „Hi, Kathi! Was machst du?“ Kathi entgegnet: „Ich schreibe eine Geschichte.“ Lulu ist begeistert: „Wow, lass mal sehen!“ Kathi reicht ihr den Zettel und Lulu liest vor:

Luana ist eine wahre Heldin. Sie beschützt und hilft jedem.

Luana reitet auf ihrem ______________ durch das wundersame Reich.

Sie ______________ vorbei an Bergen und Flüssen.

Dann trifft sie auf einen Zwerg. Der kleine Mann ist nur halb so groß wie Luana und heißt Gunnar. Er braucht Luanas Hilfe.

Denn er hat seine Zwergenmütze verloren. „Ich werde deine Mütze finden“, meint Luana und ruft ihre kleine Freundin die Fee herbei.

Ihre ______________ kann bei solchen Problemen helfen.

Die Fee nutzt ihre Zauberkraft und plötzlich kann Luana eine magische Glitzerspur auf dem Boden erkennen. Sie folgt der Spur bis zu einem Wald.

Dort entdeckt sie einen Elf hinter einem Baum. Er hält die Zwergenmütze

in der ______________ und kichert. „Hihi, und? Hat der alte Gunnar sich schön erschreckt, weil seine Mütze verschwunden ist?", fragt der Elf schadenfroh. Luana antwortet: „Du findest das lustig, aber Gunnar möchte seine Mütze unbedingt wieder haben." Der Elf schaut nun etwas nachdenklich und gibt ______________ die Mütze.
Luana bringt sie ihrem Besitzer zurück und alle sind glücklich.

Lulu schaut Kathi erstaunt an: „Du bist wirklich eine tolle Schriftstellerin Kathi. Deine Geschichte ist echt klasse."
Kathi freut sich und kann es kaum erwarten, sich die nächste Geschichte auszudenken.

1 Setze die folgenden Wörter in die Lücken im Text ein.

reitet | Luana | Hand
Pferd | Freundin

2 Welche Wesen kommen in Kathis Geschichte vor? Kreise ein.

Erzähltext

3 Welche Gedanken passen zu Kathi? Male an.

Ich wäre so gerne eine Schriftstellerin.

Ich habe viel Fantasie.

Ich liebe es, zu reiten.

Schreiben finde ich doof.

4 Streiche das falsche Wort in jedem Satz durch.

Eine Schriftstellerin liest / schreibt Romane.
Kathis Geschichten handeln von einem mutigen / ängstlichen Mädchen.
Die Heldin aus Kathis Geschichte heißt Luna / Luana.
Lulu / Umut ist neugierig auf Kathis Geschichte.

5 Bringe die Bilder in die richtige Reihenfolge.
Trage die Zahlen von 1 bis 4 ein.

› Aussagen zum Text überprüfen
› inhaltlich richtige Sätze bilden
› Textinhalte in die richtige Reihenfolge bringen

Kino früher und heute

Ins Kino gehen bedeutet Spaß, Aufregung und vielleicht auch Entspannung. Man sitzt in großen, bequemen Sesseln und kann Popcorn essen. Auf der riesigen Leinwand läuft ein toller Film in bester Farbqualität und Tonqualität. Aber das war nicht immer so.

Die ersten Filmvorführungen gab es 1895. Allerdings wurden die Filme damals auf Jahrmärkten in Zelten vorgeführt. Manchmal gab es Bänke, auf die die Menschen sich setzen konnten. Wenn man Pech hatte, musste man sich den Film im Stehen anschauen. Allerdings dauerten die Filme nur wenige Minuten. Sie waren in schwarz-weißer Farbe und ohne Ton. Es wurden alltägliche Situationen oder gespielte Witze gezeigt.

Bald darauf wurden die Filme länger, beliebter und es wurden extra Kinogebäude dafür gebaut. Kinos sahen so prächtig wie Paläste aus. Deshalb wurden Kinos auch „Filmpaläste" genannt. Zu dieser Zeit war es etwas sehr Besonderes, ins Kino zu gehen. Die Menschen zogen ihre beste Kleidung für den Kinobesuch an. Ein Orchester spielte in einem Graben vor der Leinwand und erzeugte so die Musik des Films. Im Jahr 1902 wurde der erste Farbfilm produziert. Im Jahr 1926 wurde der erste Tonfilm produziert. Sehr lange war das Kino äußerst beliebt. Allerdings hatten ab den 1970er Jahren die meisten Leute einen Fernseher zuhause und fast niemand ging noch ins Kino. Viele Kinos mussten schließen.

Sachtext

Erst seit den 1990er Jahren gingen die Menschen wieder häufiger ins Kino. Dies lag daran, dass die Tonqualität und Bildqualität von Kinofilmen nun bedeutend besser war, als auf einem Fernseher. Man konnte das Gefühl haben, mitten im Film zu sein.
So schaffte es das Kino, wieder etwas Besonderes zu werden.

1 Unterstreiche die Antworten im Text mit der passenden Farbe.

Rot: Wann gab es die erste Filmvorführung?
Blau: Wie nannte man Kinos früher noch?
Grün: Wann wurde der erste Tonfilm produziert?
Gelb: Ab wann hatten die meisten Leute einen Fernseher?

2 Bringe die Bilder in die richtige Reihenfolge. Trage die Zahlen 1-4 ein.

› sinnentnehmend lesen
› Antworten im Text finden und markieren
› Textinhalt und Bilder aufeinander beziehen

3 Ordne die Aussagen der passenden Jahreszahl zu. Verbinde.

1895	Wir sehen den ersten Film mit Ton.
1926	Wir sehen den ersten Film in Farbe.
1970	Wir sehen Kinofilme in bester Bildqualität und Tonqualität.
1902	Wir sehen die ersten bewegten Bilder in einem Film.
1990	Wir sehen alles auf dem Fernseher.

4 Beantworte die Fragen. Schreibe.

Was kann man im Kino essen?

____

Was wurde bei den ersten Filmvorführungen gezeigt?

____

____

Wer spielte früher die Musik zu einem Film?

____

Das Internet-Quiz

1 Auf jeder Karte ist eine Antwort richtig. Kreuze an.

1 Wenn du im Internet unterwegs bist, nennt man das:

a) surfen (I)
b) schlafen (A)
c) sprechen (E)

2 Was ist eine App? (ausgesprochen: Äpp)

a) App ist die Abkürzung für Apfel. (M)
b) App bedeutet Anwendung oder Programm. (N)
c) App ist ein anderes Wort für Strom. (L)

3 Darfst du Musik aus dem Internet herunterladen?

a) Ja, aber nur mit Erlaubnis von der Seite. (T)
b) Ja, aber nur Musik von berühmten Personen. (K)
c) Nein, das ist niemals erlaubt. (S)

4 Wem darfst du im Internet deine Adresse verraten?

a) Jemandem, der genauso alt ist wie ich. (O)
b) Niemandem (E)
c) Einem Erwachsenen (A)

› sinnentnehmend lesen
› Fragen beantworten

Sprachspiel: Quiz

5 Wie kannst du Informationen im Internet finden?

- a) Das geht nur mit bestimmten Computern. (P)
- b) Ich kann beim Internet anrufen. (H)
- c) Ich kann eine Kinder-Suchmaschine benutzen. (R)

6 Wenn du eine Verbindung mit dem Internet hast, bist du:

- a) verbunden (N)
- b) verwirrt (G)
- c) verschwunden (F)

7 Einen Touchscreen bedienst du mit:

- a) der Zunge (U)
- b) dem Finger (E)
- c) den Füßen (I)

8 Was gehört nicht ins Internet?

- a) Ein selbst geschriebener Text. (R)
- b) Ein Rezept von meinem Lieblingsessen. (L)
- c) Ein peinliches Foto von mir. (T)

2 Trage die Buchstaben ein und lies das Lösungswort.

1	2	3	4	5	6	7	8

› sinnentnehmend lesen
› Fragen beantworten
› ein Quiz lösen

Detektivwissen überprüfen

Checkliste für die Nutzung des Computers

- Ich esse und trinke nicht, wenn ich am Computer arbeite.
- Ich drucke nur etwas aus, wenn ich es wirklich brauche.
- Ich setze mit meinen Eltern eine Zeit fest, wie lange ich höchstens am Computer bleiben darf.
- Ich frage meine Eltern, bevor ich das Internet benutze.
- Im Internet besuche ich nur Seiten, die meine Eltern erlaubt haben.
- Ich gebe keine persönlichen Daten, wie zum Beispiel meine Adresse, ein.
- Bevor ich gehe, schließe ich alle Programme und schalte den Computer aus.

1 Beantworte die Fragen. Kreuze an.

Wie viele Regeln stehen auf der Checkliste?

☐ 5 Regeln ☐ 7 Regeln ☐ 8 Regeln

Wen sollst du fragen, bevor du das Internet nutzt?

☐ meine Freunde ☐ meine Eltern ☐ meine Geschwister

Welche Seiten darfst du im Internet besuchen?

☐ von Eltern erlaubte ☐ alle Seiten ☐ Seiten, die mir gefallen

2 Welche Regel der Checkliste ist abgebildet? Schreibe die Nummer auf.

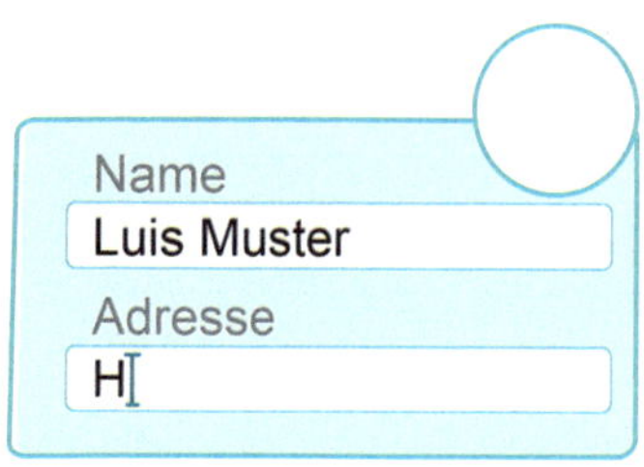

› Fragen zum Text beantworten
› Textinhalt und Bilder aufeinander beziehen
› den eigenen Lernstand einschätzen

Spurensicherung: Der 5. Hinweis!

Elsas Fotos zeigen den Bolzplatz. Fünf Dinge haben sich auf dem zweiten Foto verändert. Den Detektiven fällt besonders der blonde Junge auf.
Umut ruft: „Der war doch vorhin beim Gartenhäuschen!
Verfolgt der uns?“
Lulu flüstert: „Auf seinem Pulli ist ein roter Planet! Das ist der Mars.“
Paul winkt dem Jungen zu: „Hallo! Hast du uns das sprechende Paket geschickt?“ Der Junge zuckt nervös zusammen.
Dann schnappt er sich sein Rad und flitzt los.
Sofort düsen die Kinder mit den Hunden hinterher.
Ein paar Straßen weiter verschwindet der Junge in einem gelben Haus.
Elsa klingelt, doch es macht niemand auf.

? Der blonde Junge wohnt in einer Straße, die nach Tieren benannt ist. Welche Tiere sind es?

☐ Bären

5a

☐ Bienen

5b

Maras Robotertraum

Mara liest auf dem Bett in einer Zeitschrift für Kinder. Vorne auf der Zeitschrift ist der Schriftzug *WifüKi* zu erkennen. Das ist die Abkürzung für Wissen für Kinder. Jeden Monat kauft Mara die Zeitschrift am Kiosk. Das Mädchen ist jedes Mal gespannt, um was für ein Thema es gehen wird.

Im *WifüKi* werden immer interessante Sachen aus den Bereichen Natur und Technik erklärt. Mara hat zum Beispiel schon erfahren, welche die stärksten Tiere der Welt sind. Sie weiß nun auch, warum Schnecken über eine Messerklinge kriechen können. Und wie ein Astronaut im Weltall überleben kann, hat Mara auch schon gelernt. Dieses Mal wird in der Zeitschrift das Thema „Roboter" behandelt. Mara staunt besonders über die Geschichte eines Mädchens, das zusammen mit seiner Mama einen eigenen Roboter gebaut hat.

Nachdenklich schaut Mara zu ihrem Schreibtisch hinüber. Dort hat sie vorhin Hausaufgaben gemacht und ganz viel radieren müssen. Überall liegen noch viele kleine Radiergummiraspeln herum. Mara denkt nach: „Wie praktisch wäre es, wenn ich einen ganz kleinen Roboter bauen könnte, der auf dem Schreibtisch herumfahren und die Radiergummiraspeln einsammeln würde."

Sie grinst und überlegt dann weiter: „Wie könnte mein Roboter aussehen?" Mara schließt die Augen und stellt sich einen kleinen Roboter mit roten und blauen Lichtern vor. Der Roboter fährt auf drei kleinen Rädern über den Tisch und saugt mit einem winzigen Schlauch die Raspel ein.

Bei dem Gedanken muss Mara grinsen.

„Wenn ich groß bin, muss ich so einen Roboter unbedingt erfinden!“, nimmt sie sich fest vor.

1 Unterstreiche die Antworten im Text mit der passenden Farbe.

Rot: Worin liest Mara auf dem Bett?
Blau: Wofür steht die Abkürzung *WifüKi*?
Grün: Wo kauft Mara die Zeitschrift?

2 Beantworte die Fragen. Schreibe.

Zu welchen Bereichen werden in der Zeitschrift interessante Sachen erklärt?

___

Welches Thema wird dieses Mal in der Zeitschrift behandelt?

___

3 Zu welchen Themen hat Mara außerdem schon etwas erfahren?

- ☐ Überleben im Weltall
- ☐ Schnecken
- ☐ Die größten Tiere der Welt
- ☐ Die stärksten Tiere der Welt
- ☐ Singvögel

4 Über welche Geschichte staunt Mara besonders? Schreibe.

5 Woher kommen die Radiergummiraspeln auf Maras Tisch? Kreuze an.

- ☐ Sie hat ein Bild gemalt und dabei viel radiert.
- ☐ Sie hat Hausaufgaben gemacht und dabei viel radiert.
- ☐ Sie hat einen Brief geschrieben und dabei viel radiert.

6 Welcher Roboter passt zu Maras Vorstellung? Kreuze an.

☐ 

☐ 

☐ 

7 Welche Aufgabe würde Maras Roboter übernehmen? Schreibe.

› einem Text Informationen entnehmen
› Fragen zum Text beantworten
› Textinhalt und Bilder aufeinander beziehen

Der einsamste Wal der Welt

Es gibt ungefähr 80 verschiedene Walarten. Viele davon unterhalten sich über das Ausstoßen von Tönen. Diese Töne werden oft auch Walgesang genannt. Die Töne haben bestimmte Tonhöhen. Diese Tonhöhe wird auch Frequenz genannt. Man misst sie in der Einheit Hertz. Abgekürzt wird Hertz mit Hz.

Der sogenannte 52-Hertz-Wal wird auch der einsamste Wal der Welt genannt. Er besitzt einen besonderen Gesang. Wie der Name es schon sagt, stößt er Töne mit der Frequenz von 52Hz aus. Mithilfe von Mikrofonen im Wasser wurde herausgefunden, dass der 52-Hertz-Wal viel und laut singt. Aber noch nie konnte eine Antwort eines anderen Wales aufgezeichnet werden. Deshalb geht man davon aus, dass sich der 52-Hertz-Wal nicht mit anderen Walen unterhalten kann, weil er auf einer Tonhöhe singt, die andere Wale vermutlich nicht hören oder nicht gut verstehen können.

Bisher hat kein Mensch diesen besonderen Wal zu Gesicht bekommen. Nur seine Gesänge werden seit 1989 aufgezeichnet. Da niemand das Tier je gesehen hat, ist bisher auch noch nicht geklärt, zu welcher Walart der 52-Hertz-Wal gehört.

Es gibt zum einen die Überlegung, dass es sich beim 52-Hertz-Wal um eine Mischung aus zwei verschiedenen Walarten handeln könnte.

Zum anderen gibt es die Überlegung, dass das Tier zu einer bereits bekannten Walart gehört und sich nur aufgrund eines Sprachfehlers nicht mit seinen Verwandten unterhalten kann.

Ob eine dieser Vermutungen richtig ist, muss von der Wissenschaft noch herausgefunden werden.

1 Was stimmt? Was stimmt nicht? Kreuze an.

	stimmt	stimmt nicht
Es gibt ungefähr 90 Walarten.	☐	☐
Viele Wale verständigen sich über das Ausstoßen von Tönen.	☐	☐
Die Töne, die Wale ausstoßen, nennt man auch Walgesang.	☐	☐
Die Tonlänge wird auch Frequenz genannt.	☐	☐
Die Frequenz misst man in der Einheit Hertz.	☐	☐

2 Unterstreiche die Antworten im Text mit der passenden Farbe.

Blau:	Wie wird der 52-Hertz-Wal auch noch genannt?
Rot:	Mithilfe welcher Geräte wurde der Gesang des 52-Hertz-Wals aufgenommen?
Gelb:	Wie singt der 52-Hertz-Wal?
Grün:	Was konnte noch nie aufgezeichnet werden?
Braun:	Seit welchem Jahr werden die Gesänge des Wals aufgezeichnet?

3 Warum konnte der 52-Hertz-Wal bisher noch keiner Walart zugeordnet werden? Kreuze an.

- ☐ Der Wal singt zu leise.
- ☐ Der Wal wurde bisher noch nie gesichtet.
- ☐ Der Wal sieht keiner bekannten Walart ähnlich.

4 Welche zwei Vermutungen zur Herkunft des 52-Hertz-Wales gibt es? Male die richtigen Sprechblasen an.

Der Wal gehört zu einer bisher unentdeckten Walart.

Der Wal gehört zu einer bekannten Walart und hat einen Sprachfehler.

Der Wal ist eine Mischung aus zwei Walarten.

Der Wal gehört zu einer bekannten Walart und hat einen Hörfehler.

› Antworten im Text finden und markieren
› Fragen zum Text beantworten

Sprachspiel: Gedicht

Tierische Träume

Puschelschwanz und rotes Fell,
über Äste flitzen, flink und schnell,
rauf und runter jeden Baum,
ein Berg von Nüssen ist sein Traum.

Runde Ohren, die Augen klein,
streift durch die Wälder meist allein,
pflegt sein Fell, dicht und braun,
ein Topf voll Honig ist sein Traum.

Gute Nase, schnelle Beine,
geht gern Gassi an der Leine,
schnüffelt an jedem Busch und Zaun,
ein dicker Knochen ist sein Traum.

Lange Ohren, große Füße,
sitzt auf dem Acker im Gemüse,
läuft er weg, hört man ihn kaum,
eine dicke Karotte ist sein Traum.

Spitzer Schnabel, einen Ring am Bein,
legt in das Nest seine Eier hinein,
putzt seine Federn und den weichen Flaum,
eine Schale voller Körner ist sein Traum.

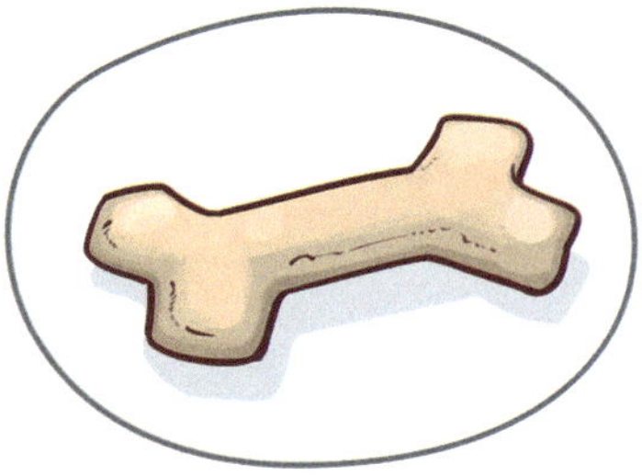

1 Verbinde die Träume mit den passenden Strophen.

› sinnentnehmend lesen
› Textinhalt und Bilder aufeinander beziehen

Sprachspiel: Gedicht

2 Welche Tiere werden in den Strophen beschrieben? Trage ein.

1 ☐☐☐☐☐☐☐☐☐☐☐☐

2 ☐☐☐

3 ☐☐☐☐

4 ☐☐☐☐

5 ☐☐☐☐

3 Setze die passenden Reimwörter in die Strophe ein.

Tatzen | Spatzen | Miaun | Traum

Schnurrbarthaare, weiche ____________________,

jagt gern Mäuse oder ____________________,

hier und da ein leises ____________________,

ein Napf voll Milch ist ihr ____________________.

4 Welches Tier wird in Aufgabe 3 beschrieben? Schreibe.

____

› einem Text Informationen entnehmen
› den inhaltlichen Aufbau einer Strophe erfassen
› die Verse einer Strophe ordnen

Detektivwissen überprüfen

Erinnerungen

Lulu, Elsa, Paul und Umut sitzen in Elsas Garten. Sie schauen sich gemeinsam die Bilder ihrer Einschulung an. Lulu meint kichernd: „Schau mal, wie klein wir damals noch alle waren.“ Sie zeigt Elsa ein Foto von der Einschulungsfeier. Elsa grinst und erinnert sich: „Ich war an dem Tag so gespannt, was in meiner Schultüte drin sein würde. Ich hatte eine blaue Tüte mit grünen Streifen. Mama hatte sie im Kindergarten gebastelt.“ Lulu erinnert sich auch: „Meine Tüte war unten auch blau, oben aber lila. Wir haben sie im Laden gekauft.“ Paul spricht weiter: „Meine dunkelgrüne Schultüte sah toll aus. Darauf waren rote Sterne. Mein Papa hatte sie gebastelt.“ Umut kratzt sich am Kopf: „Ich glaube, ich hatte eine gelbe Schultüte mit bunten Punkten. Eigentlich war es die Schultüte meines großen Bruders. Aber ich wollte sie damals unbedingt haben und da hat er sie mir geliehen.“

1 Welche Schultüte gehört zu welchem Kind? Verbinde und male an.

› einem Text Informationen entnehmen
› den eigenen Lernstand einschätzen

Spurensicherung: Der 6. Hinweis!

Elsa schreibt in ihren Block: *Bienenstraße 17???*
Hier stimmt doch was nicht!
Weil der Junge nicht aufmacht, fahren die Detektive weiter zum Park.
Im löchrigen Mast des alten Karussells findet Lulu einen Mars-Rover.
Strahlend ruft sie: „Jetzt ist das Set komplett!“
TEAM LUPE fährt zum Bachsteinweg 44, um das Set abzugeben.
Dort öffnet ein netter Junge.
„Uii! Mein Forscherset“, freut er sich.
„Wo habt ihr das denn her?“
Paul berichtet, wie sie zu dem Forscherset kamen und erzählt,
dass sie dem blonden Jungen in die Bienenstraße gefolgt sind.
Esad runzelt die Stirn. „Bienenstraße? Hm ... Da wohnt Mika!
Wartet mal. Ihr sagt, das Paket hatte einen Chip? Mika ist in unserer
Technik-AG und kennt sich mit so was aus. Ich bin übrigens Esad.“

? TEAM LUPE fährt mit Esad zur Bienenstraße. Welcher ist der kürzere Weg? Er führt nicht am Kiosk vorbei.

☐ Weg 1

6a

☐ Weg 2

6b

Die Fallakte: Das sprechende Paket

In die weißen Felder kommen deine Hinweis-Sticker.

Hinweis 1

1

Hinweis 2

2

Hinweis 3

3

Hinweis 4

4

Hinweis 5

5

Hinweis 6

6

Jetzt fehlt dir nur noch ein PASSWORT.
Trage aus jedem Sticker den Buchstaben in das passende Kästchen ein.

??????????????

1	2	3	4	5	6

Glückwunsch!
Gemeinsam mit TEAM LUPE hast du den Fall gelöst.
Das Wort ist dein PASSWORT für:
www.passwort-lupe.de?????

Brauchst du dabei Hilfe?
Frage einen Erwachsenen.

ACHTUNG: DAS ENDE DES FALLS

ACHTUNG: DAS ENDE DES FALLS

Diesmal macht der blonde Junge auf.
Esad sagt: „Hallo Mika!" Und Lulu fragt direkt: „Hast du das Set geklaut?"
Mika wird rot. „Ja. Entschuldige, Esad! Ich fand dein Set so toll und habe es mitgenommen, als es bei euch im Garten lag. Meine Eltern wollen mir so ein Set nicht kaufen."
„Ich glaub's nicht!", ruft Esad wütend.
Schnell sagt Mika: „Ich wollte dir das Set zurückbringen, aber ich habe mich so geschämt. Da habe ich die Teile versteckt und TEAM LUPE beauftragt, sie zu finden und dir zu bringen."
Esad seufzt. „Du hättest mich nur fragen müssen. Ich hätte es dir gerne ausgeliehen."
Lulu hat eine tolle Idee als Entschuldigung für Mika.
Mika soll Esad zeigen, wie man ein sprechendes Paket bastelt.

FALL GELÖST!

RECHTE UND IMPRESSUM

Bildquellen:
|Hagemann, Antje, Berlin: 3.1, 11.1, 11.2, 11.3, 11.4, 11.5, 11.6, 11.7, 21.1, 21.2, 21.3, 21.4, 31.1, 31.2, 31.3, 31.4, 41.1, 41.2, 41.3, 41.4, 51.1, 51.2, 51.3, 51.4, 61.1, 61.2, 61.3, 61.4, 62.1. |Holzapfel, Falk, Wien: 1.1, 1.2, 1.3, 1.4, 1.5, 1.6, 1.7, 1.8, 1.9, 1.10, 1.11, 1.12, 34.3, 34.4, 34.5, 34.6, 64.1. |Lautenschläger, Anna-Katharina, Erlensee: 37.1, 37.3, 37.4. |Stapper, Michael, Berlin: Titel, Titel, Titel, Titel, Titel, 4.1, 5.1, 6.1, 6.2, 6.3, 7.1, 8.1, 8.2, 8.3, 8.4, 8.5, 8.6, 8.7, 8.8, 8.9, 8.10, 8.11, 8.12, 9.1, 9.2, 9.3, 9.4, 9.5, 10.1, 12.1, 13.1, 13.2, 13.3, 13.4, 14.1, 15.1, 15.2, 15.3, 16.1, 16.2, 16.3, 16.4, 17.1, 17.2, 17.3, 17.4, 17.5, 18.1, 18.2, 20.1, 22.1, 22.2, 22.3, 23.1, 24.1, 24.2, 25.1, 26.1, 27.1, 27.2, 27.3, 27.4, 27.5, 27.6, 27.7, 28.1, 29.1, 29.2, 29.3, 30.1, 30.2, 30.3, 32.1, 33.1, 33.2, 33.3, 33.4, 33.5, 34.1, 34.2, 34.7, 34.8, 35.1, 36.1, 38.1, 38.2, 38.3, 38.4, 38.5, 38.6, 38.7, 38.8, 38.9, 38.10, 38.11, 38.12, 39.1, 39.2, 39.3, 39.4, 39.5, 39.6, 40.1, 42.1, 43.1, 43.2, 43.3, 43.4, 43.5, 43.6, 44.1, 44.2, 44.3, 44.4, 44.5, 44.6, 45.1, 46.1, 46.2, 46.3, 46.4, 47.1, 48.1, 49.1, 50.1, 50.2, 50.3, 52.1, 54.1, 54.2, 54.3, 55.1, 56.1, 58.1, 58.2, 58.3, 58.4, 58.5, 60.1, 60.2, 60.3, 60.4, 60.5, 60.6, 60.7, 60.8, 60.9, 60.10, 60.11, 60.12, 60.13, 60.14, 64.2, 64.3, 69.1, 69.2. |stock.adobe.com, Dublin: Danlin Media GmbH 37.2.

Druck A[2] / Jahr 2025
Alle Drucke der Serie A sind im Unterricht parallel verwendbar.

Redaktion: Rifka Behrendt
Krimigeschichte: Henriette Wich
Umschlaggestaltung: Stephanie Schober
Layout: PER Medien, Braunschweig
Druck und Bindung: Westermann Druck GmbH,
Georg-Westermann-Allee 66, 38104 Braunschweig

ISBN 978-3-14-**141493**-6